VORBILDER

Beverley Birch

LOUIS PASTEUR

Bildnachweis

Anthony Blake Photo Library: 42; Bridgeman Art Library: 9, 34-35, 43, Giraudon: Umschlagbild, 19, 26; John Cleare: 4; Mary Evans Picture Library: 8, 41; Exley Photographic Library: Nick Birch 12 (links), 16 (unten beide), 30, 31 (oben), 35 (unten), 38, 57 (beide); Giraudon: Musée des Beaux-Arts, Nantes 25; Georges Goldner: 16 (oben), 58 (unten), 59; Hulton Picture Library: 40 (oben), 45, 51; Illustrated London News: 11; The Mansell Collection: 55; Oxford Scientific Films: G. I. Bernard 47 (alle); Institut Pasteur: 5, 15, 36, 40 (unten), 61; Roger-Viollet: 50, 56; Ann Ronan Picture Library: 21, 28, 29, 44, 46 (alle), 49, 54, 58 (oben); Science Photo Library: 7, 20, 31 (unten), CNRI 53 (unten), Eric Grave 12-13, 53 (oben), David Scharf 23, Sinclair Stammers 22, John Walsh, 33, 39.

Die Deutsche Bibliothek - CIP-Einheitsaufnahme

Beverley Birch
Louis Pasteur: Der Chemiker und Biologe, dessen Forschungen der Medizin zum größten Durchbruch aller Zeiten verhalf.
– 1. Aufl. – Würzburg: Arena-Verl., 1992
(Vorbilder)
Aus dem Engl. von Barbara Weiner
ISBN 3-401-04333-1

1. Auflage 1992

Serienkonzeption und Herausgabe: Helen Exley
Bildbeschaffung: Karen Gunnell
Recherchen: Diana Briscoe
Redaktion: Margaret Montgomery
ISBN 3-401-04333-1

VORBILDER

Beverley Birch

LOUIS PASTEUR

Der Chemiker und Biologe, dessen Forschungen der Medizin zum größten Durchbruch aller Zeiten verhalfen

Aus dem Englischen
von Isabel Diete

Arena

Links und rechts: Louis Pasteur zeigte, welchen Einfluß die Mikroben auf unser Leben haben. Zu Beginn bewies er, daß es Keime in den Staubteilchen der Luft gab. Später reiste er bis zum Mont Blanc, um zu zeigen, wie wenig Keime in die Kolben gelangten, wenn er sie in der reinen Bergluft öffnete.
Einige Wissenschaftler waren überzeugt, daß er unrecht habe. Mit eigenen Kolben bewaffnet, erstiegen sie die Pyrenäenhöhen, um ihn zu widerlegen, aber ohne Erfolg.

Die Jagd nach reiner Luft

Die Prozession wand sich langsam den Mont Blanc hinauf, allen voran die ortskundigen Führer. Dahinter zokkelte das Maultier, schwerbeladen mit merkwürdig geformten Flaschen. Ein Mann lief aufgeregt um das Tier herum, hierhin und dorthin, prüfte das Geschirr, führte das Tier besorgt am Rand der Schlucht in der irrigen Meinung, es könnte abrutschen.
Aufgeregt schnupperten sie die Bergluft. Es mag seltsam anmuten, aber tatsächlich hatten sie hauptsächlich wegen der erwarteten reinen Luft in dieser Höhe die anstrengende Kletterpartie unternommen. Die Besteigung des Mont Blanc war Teil eines sorgfältig geplanten Experiments, von dem sich die Mitglieder der Expedition wichtige Ergebnisse versprachen. Sie hatten bereits einen mehrstündigen Aufstieg hinter sich, der angestrebte Zielort lag allerdings noch vor ihnen. Sie kletterten weiter und weiter hinauf im Schein der Morgensonne – und erreichten schließlich die weißen, unberührten Schneeflächen des Mer de Glace, des Eismeers.
Und hier begannen sie eine seltsame Zeremonie: Der Mann zündete eine Art Lötlampe. Dann zog er vorsichtig eine Flasche aus dem Gepäck, und nun konnte man sehen, daß es keine gewöhnliche Flasche war, sondern ein bauchiger Glaskolben mit einem fein geschwungenen, sich verjüngenden Hals.
Er enthielt eine klare Flüssigkeit, die im Licht von Schnee und Eis funkelte.
Mit einer Eisenzange zwickte der Mann die Spitze des

dünnen Flaschenhalses ab. Die Luft drang mit einem scharfen Zischen durch die enge Öffnung in die Flasche. Zuletzt versiegelte er den Glaskolben mit Hilfe der Lötlampe.
Er nahm den zweiten Kolben: wieder das Knacken, das Zischen der Luft, das Verlöten der Öffnung . . . dann der dritte Kolben, der vierte, der fünfte . . . bis schließlich zwanzig Kolben geöffnet und wieder geschlossen worden waren.
Und nun strahlte er. Und alle freuten sich mit ihm. Es hatte geklappt!

Panne!

Gestern hatte es nicht geklappt. Alles war nach Plan verlaufen, bis es zum Versiegeln des ersten Kolbenhalses kam. Gegen den strahlenden Himmel und den blendenden Schnee war es unmöglich, die Flamme der Lötlampe zu erkennen! Dazu kam der Wind, der es schwierig machte, die Flamme auf den offenen Kolbenhals zu richten.
Sie mußten das Experiment abbrechen und umkehren, um in Chamonix einen Kesselflicker aufzutreiben, der eine brauchbare Lötlampe anfertigen konnte . . . alles mußte genau abgestimmt sein. Die Kolben durften nur für einen Moment geöffnet werden, um die Bergluft einzulassen, und mußten dann wieder verschlossen werden.
Man mag sich wohl fragen, was an jenem eisigen Morgen auf dem Mont Blanc geschah. Louis Pasteur führte ein genaues und in seiner Einfachheit geniales Experiment durch, um eine wissenschaftliche Streitfrage ein für allemal zu beantworten.
Wochenlang hatte er sich mit seinen Assistenten darauf vorbereitet. Die sorgfältig gesäuberten Kolben waren verpackt und auf verschiedene Standorte verteilt worden: in Keller und Hinterhöfe Paris' und auf einen Hügel bei Pasteurs Heimatstadt Arbois. Einige wurden für ihre Reise zum Mont Blanc bereitgestellt. Nichts sollte dem Zufall überlassen werden.

»Ich . . . fürchte am meisten, mich festzulegen, wenn ich keine Beweise habe. Dagegen kann mich keine Überlegung davon zurückhalten, das zu verteidigen, was ich für wahr halte, wenn ich mich auf gesicherte wissenschaftliche Beweise stützen kann.«
Louis Pasteur.

»Ich will Ihnen verraten, was mich zu meinem Ziel geführt hat. Meine Stärke liegt in meiner Hartnäckigkeit.«
Louis Pasteur.

Ein weitreichender Gedankensprung

»Zweifle deine Theorien so lange an, bis die Tatsachen keinen Zweifel mehr zulassen«, sagte Pasteur. Und darin liegt sein Geheimnis. Wie genial eine Idee auch sein mag – sie ist nutzlos, ehe sie nicht *funktioniert:* Man muß sie wiederholt prüfen und auf die kleinsten Einzelheiten achten, bis jeder Irrtum ausgeschlossen ist.

Über Pasteurs Arbeit existieren viele, meist sehr ungenaue Aussagen. Im allgemeinen wird er als Genie dargestellt, dem alles gelang und der alles erfand. Es beginnt mit Kleinigkeiten, wie die speziell entworfenen schwanenhalsigen Kolben, die er für seine frühen Experimente verwendete. Im gleichen Atemzug folgt dann seine Ausarbeitung der Theorie von den Krankheitskeimen, in der er nachwies, daß die Keime mikroskopisch kleiner Lebewesen die Ursache vieler Krankheiten sind. Demgegenüber bleibt häufig unerwähnt, wieviel Arbeit, Beharrlichkeit und Ausdauer Pasteur in seine Forschungen investiert hat und wie grundlegend seine Ergebnisse für die Wissenschaft und die Medizin waren. Pasteur war kein »Wunderkind«, sondern ein unermüdlicher Arbeiter.

Einige der wissenschaftlichen Beobachtungen und Ideen, mit denen sich Pasteur befaßte, waren schon lange bekannt, manche sogar schon zweihundert Jahre lang – seit das erste Mikroskop die beeindruckende Welt der einzelligen Lebewesen enthüllte, die später Mikroben genannt wurden. Doch fanden die früheren Beobachtungen so wenig Beachtung, daß man meinen konnte, Pasteur sei tatsächlich ihr erster Entdecker.

Louis Pasteur gab sich jedoch nicht mit bloßer Beobachtung zufrieden. Er ging noch weiter: Für ihn waren die Mikroben mehr als nur faszinierende Lebewesen; er verstand sie als die Ursache vieler organischer Prozesse. Dies wies er in sorgfältigen und phantasievollen Experimenten nach.

Pasteur gelang der Sprung vom Beobachten der Mikroorganismen zum Begreifen, daß hier tatsächlich der Schlüssel zum Verstehen von Krankheiten lag. Er war ein Prophet, dessen immense Vorstellungskraft die Wissenschaftler seiner Zeit zu einer ganz neuen Auffassung von Geburt, Verfall und Tod von Organismen verhalf.

Auf diesem Holzschnitt aus dem 15. Jahrhundert stirbt ein Mann an der Pest, während sich der Arzt mit einem Schwamm vor der Nase vor »bösen Ausdünstungen« schützt. Die Menschen starben zu Hunderttausenden. Die Pest von 1346-49, der Schwarze Tod, raffte vielleicht die Hälfte der Bevölkerung Europas dahin. Durch die Arbeit Pasteurs begriffen die Wissenschaftler, daß die Pest eine Krankheit war, die von einer Mikrobe – einer Bakterie – verursacht wurde. Nun konnten sie nach einer Heilmethode suchen und nach einem Weg, um sie zu verhindern.

*»**Hunderte, Tausende von Patienten, bleich, doch immer noch voller Hoffnung und Lebenswillen, starben im Krankenhaus irgendwann zwischen dem siebten und dem vierzehnten Tag am Wundbrand. So viele frühere Fehlschläge der Chirurgie werden im Licht der Keimtheorie verständlich.**«*

Charles-Emmanuel Sédillot.

Rechts: Jahr um Jahr starben die Menschen zu Hunderttausenden bei Epidemien: Cholera, Typhus, Lungenentzündung, Diphtherie, Pest, Tuberkulose, Syphilis. Vor Pasteurs Keimtheorie wußten die Ärzte weder, was diese Krankheiten verursachte, noch wie sie zu verhindern oder zu heilen waren. Die Armut, wie auf diesem frühen Bild von Paris zu sehen ist – das enge Zusammenleben, der Schmutz und die Feuchtigkeit, die unreine Nahrung –, führte dazu, daß sich die Mikroben der tödlichen Krankheiten immer weiter ausbreiteten.

Gegenüber: Mütter starben im Kindbett, Kinder starben im Babyalter – es war nicht ungewöhnlich, daß eine Familie zwei oder drei Kinder verlor. Ganze Familien starben bei Epidemien: Choleraerkrankte konnten innerhalb von sechs Stunden tot sein. Es gab keine Erklärung, keine Behandlungsmethoden und keine Hoffnung. (Gemälde von Henry Jules Jean Geoffroy, 1853-1924.)

Das Tor zur modernen Medizin

Bis zu diesem Zeitpunkt standen die Ärzte und Wissenschaftler den gefährlichen und zumeist tödlich verlaufenden Krankheiten hilflos gegenüber. Die Ursachen von Pest und Cholera beispielsweise waren völlig unbekannt. In den meisten Fällen konnten die Ärzte lediglich versuchen, die Schmerzen zu lindern und den Krankheitsverlauf etwas erträglicher zu gestalten. Ein Eindämmen oder gar Heilen der Krankheiten war mangels medizinischer Kenntnisse nicht möglich.

Erst Louis Pasteurs Forschungen schufen den Grundstein für die moderne Medizin, in deren Mittelpunkt die Heilung und besonders die *Ursachenbekämpfung* von Krankheiten steht; Krankheiten, denen die Menschheit seit Jahrtausenden hilflos ausgeliefert war.

In den nun folgenden Jahrzehnten entstanden ganz neue Wissenschaften, zum Beispiel die *Mikrobiologie. Impfung* und *Immunisierung*, d.h. der Aufbau eines körpereigenen Immunsystems, verhalfen darüber hinaus zu weiteren Erkenntnissen auf dem Gebiet der Ursachenbekämpfung. Ebenso wurde die *Asepsis* – die Kontrolle und Vernichtung von Keimen in Krankenhäusern, besonders in der Chirurgie – als wichtige Aufgabe erkannt.

Die Arbeiten von Pasteur und seinen Schülern revolutionierten die medizinische Praxis, und ihre Entdeckungen waren eine Inspiration für die wissenschaftliche Welt. Daneben bewahrte Pasteur ganze Industriezweige vor der Katastrophe durch seine Untersuchungen über Wein und Bier, Seidenraupen, Rinder- und Schafkrankheiten. Heute kommen wir ohne *Pasteurisierung* gar nicht mehr aus. Tagtäglich verfahren Molkereien nach Pasteurs Konservierungsmethode und liefern so keimfreie Milch.

Feinde

»Aus der ganzen unermeßlichen Schöpfung habe ich mir meinen Tropfen Wasser genommen, voll von nahrhaftem Gelee – in der Sprache der Wissenschaft heißt das, voller Elemente, die der Entwicklung von kleinen Lebewesen am zuträglichsten sind. Und ich warte, ich beobachte, ich befrage ihn ... Doch er bleibt stumm! Er ist schon seit Jahren stumm. Ah! Das kommt daher, daß ich das einzige von ihm ferngehalten habe und immer noch von ihm fernhalte, das der Mensch nicht erzeugen kann. Ich habe von ihm die Keime ferngehalten, die in der Luft schweben; ich habe das Leben von ihm ferngehalten, denn das Leben ist ein Keim, und ein Keim ist Leben. Niemals wird sich der Glaube an die Urzeugung von diesem tödlichen Schlag erholen, den dieses simple Experiment ihm zugefügt hat.«

Pasteur in einem öffentlichen Vortrag an der Sorbonne.

Natürlich machte er sich Feinde. Mit seinen Arbeiten, insbesondere über die Krankheitserreger, widerlegte er einige weitverbreitete Theorien, und er war so unbeirrbar in seiner Überzeugung, daß er sich rücksichtslos über die hinwegsetzte, die die Wahrheit seiner Forschungen nicht anerkannten oder Schwachstellen in seinen Ergebnissen fanden.

Von der Warte der modernen Wissenschaft aus sehen wir heute, daß es da tatsächlich einige kleine Schwachstellen gab. Aber sie können die Fortschritte in Wissenschaft und Medizin, die gerade durch Pasteur erzielt wurden, nicht schmälern.

Und was versuchte er nun auf dem Mont Blanc zu beweisen? Es war etwas, das für uns heute so banal ist, daß man sich wundert, wie sich Wissenschaftler über hundert Jahre lang darüber streiten konnten. Es war ganz einfach die Frage, ob es Keime in der Luft gibt.

Dies heute als eine revolutionäre Idee zu sehen, mag schwierig sein, denn für uns ist das etwas ganz Alltägliches: Wir benutzen Seife und antiseptische Reiniger, säubern und verbinden Wunden sorgfältig, und bei Operationen wird auf Sterilität geachtet.

Heute bezweifelt niemand, daß es tatsächlich einzellige Lebewesen gibt – auf festen Stoffen, in der Luft, in Wasser und anderen Flüssigkeiten. Wir wissen, daß einige dieser Mikroorganismen für uns unentbehrlich sind: Sie lassen Abfälle verrotten, sie verwandeln Rohstoffe in Brot oder Wein, einige sind sogar am Verdauungsprozeß in unserem Körper beteiligt. Wir wissen auch, daß andere wie-

Eine Choleraepidemie in Granada im Jahr 1887. In der schlimmsten Zeit starben jeden Tag fünfhundert Menschen. Hier verbrennen die Menschen Teer und Schwefel in einem vergeblichen Versuch, die Straßen zu desinfizieren. Zu dieser Zeit wußten die Wissenschaftler, daß die Cholera von einer Mikrobe verursacht wurde, und daß sie hauptsächlich von Wasser übertragen wurde, das durch Choleraopfer infiziert war.

derum Krankheiten verursachen, und daß sie tödlich sein können.

Aber nichts von dem war bekannt, als Pasteur begann, die Geheimnisse der Mikroben zu ergründen. Durch den Holländer Leeuwenhoek, der 100 Jahre vor Pasteurs Geburt starb, wußte man lediglich, daß diese Wesen existierten.

Antonie van Leeuwenhoek war eigentlich ein Kaufmann, aber er interessierte sich außerordentlich für die Welt um sich herum. Er wollte herausfinden, wie die Dinge wirklich aussahen, und verschaffte sich zu diesem Zweck ein Vergrößerungsglas. Das Glas wurde von Leeuwenhoek geschliffen und poliert, bis es für seine Studien brauchbar war. Anschließend begann er alles, was er in die Finger bekommen konnte, zum Beispiel Haut, Haare, Samen, Insekten, darunter zu betrachten.

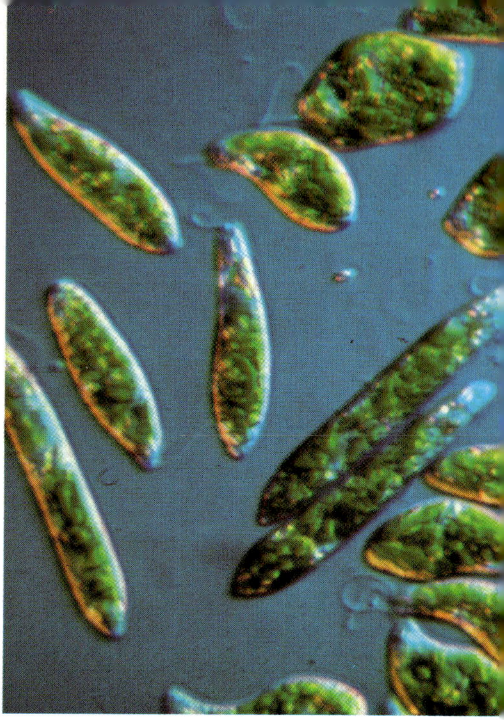

Oben: Pasteurs Mikroskop. Das Mikroskop stand im Zentrum seiner Arbeit. Pasteur entdeckte dadurch die nützlichen und gefährlichen Aufgaben der Mikroben bei organischen Prozessen. In seinen Händen wurde das Mikroskop von einem reinen Beobachtungswerkzeug zu einer Waffe gegen Krankheit und Infektion.

Vorstoß in eine unbekannte Welt

Er hatte das Mikroskop erfunden und versetzte damit die Öffentlichkeit des ausgehenden 17. Jahrhunderts in größte Aufregung. Niemand hatte je vermutet, daß es eine ganz eigene Welt derart winziger Lebewesen gab, die für das bloße Auge unsichtbar waren.

Leeuwenhoek entdeckte diese unbekannte Welt, als er einen Wassertropfen aus einer Pfütze durch sein Vergrößerungsglas betrachtete. Millionen und Abermillionen von winzigen Lebewesen wimmelten vor seinen Augen: tausendmal kleiner als das Auge einer Laus (und selbst eine Laus ist schon schwer zu erkennen ...).

Auf allem, was er sich ansah, waren diese winzigen Lebewesen zu finden. Er überlegte nicht, was sie wohl taten, und ihm kam nie in den Sinn, daß sie etwas *verursachten* – und schon gar nicht Fäulnis oder Krankheit. Nur durch Zufall entdeckte er, daß sie durch Hitze abgetötet wurden.

Eines Tages betrachtete er unter seinem Mikroskop den Zahnbelag von seinen Zähnen. Wenige Minuten zuvor hatte er eine Tasse heißen Kaffee getrunken. Erstaunt

stellte er fest, daß die winzigen Lebewesen entweder tot waren oder sich nur noch sehr träge bewegten. Er notierte seine Beobachtungen und sandte lange Beschreibungen an Wissenschaftler in England. Diese hatten vor kurzem die Royal Society gegründet, um wissenschaftliche Ideen auszutauschen. Er schrieb ihnen, daß er diese Lebewesen in mit Pfeffer vermischtem Wasser *züchten* konnte: In einem Tropfen des Pfefferwassers waren über 2,7 Millionen davon! Man baute Mikroskope, wiederholte seine Experimente und stellte fest, daß er die Wahrheit gesagt hatte.

Oben: Eine moderne Aufnahme von den Mikroorganismen, wie sie Leeuwenhoek in dem abgestandenen Wasser gesehen haben mag. Es sind einzellige Protozoen. Sie werden oft an feuchten Orten gefunden. Erst durch Pasteurs Arbeit wurden die Erkenntnisse über sie zur Verhinderung von Krankheiten eingesetzt.

Spallanzani schaltet sich ein

Die erste Aufregung um Leeuwenhoeks spektakuläre Entdeckung legte sich jedoch schnell. Erst in der zweiten Hälfte des 18. Jahrhunderts, Leeuwenhoek war bereits gestorben, begann sich der Italiener Spallanzani, ein Professor an der Universität Reggio, erneut für die wimmelnden, mikroskopischen Tierchen zu interessieren.
Zu Spallanzanis Zeit war jene große Diskussion ent-

brannt, die letztlich Louis Pasteur, nahezu hundert Jahre später, endgültig beendete. Die Frage war: Muß jedes Lebewesen Eltern haben, oder kann Leben *von alleine* entstehen? Der Streit hing zusammen mit dem Glauben an die Entstehung der Welt durch göttlichen Schöpfungsakt. Man hielt an dem Glauben fest, daß Gott die Welt und alle Lebewesen kraft seines Willens aus dem »Nichts« erschaffen hat.

Zu Lebzeiten Spallanzanis war man allgemein davon überzeugt, daß Dinge *tatsächlich* durch Urzeugung entstehen könnten. Aus dem Kadaver eines Ochsen, so meinte man, würde plötzlich von ganz allein ein Bienenschwarm, Wespen und Käfer entstünden aus Dung, Mäuse und Frösche schlüpften aus dem Uferschlamm und Maden aus Fleisch.

Spallanzani fand diese Vorstellung einfach lächerlich. Doch was konnte er dagegen tun? Die Schriften eines gewissen Reni, der durch praktische Tests und Versuche die Theorie von der Urzeugung zu widerlegen suchte, brachten ihn auf die richtige Spur.

Der italienische Arzt Francesco Reni hatte mit einem einfachen Experiment bewiesen, daß Fleisch nur dann Wurmbefall zeigte, wenn die Fliegen nicht am Zugang gehindert wurden. Deckte man das Fleisch hingegen zu, konnten die Fliegen nicht an das Fleisch heran, und es entstanden demzufolge auch keine Würmer.

So einfach war das also! Es genügte nicht zu beobachten, man mußte *experimentieren*, selbst Beweise finden!

Er führte ein ähnliches Experiment durch wie viele Jahre später Pasteur. Er ließ einen Sud aus Samen und Bohnen über eine Stunde lang kochen, um alle Mikroben abzutöten, versiegelte die Flasche und zeigte, daß innerhalb des Glases keine neuen Mikroben entstanden.

»Mikrobengeburt«

Durch den Schweizer Wissenschaftler de Saussure erfuhr Spallanzani, daß sich Mikroben durch Teilung vermehren. Fasziniert von dieser Vorstellung isolierte Spallanzani eine Mikrobe in einem Tropfen destillierten Wassers, und dann beobachtete er gespannt, was geschah: Die

winzige, stäbchenförmige Gestalt wurde in der Mitte immer dünner, bis es schließlich zwei kleine Stäbchen waren, die nur noch von einem spinnwebdünnen Faden zusammengehalten wurden. Einige heftige Zuckungen und Windungen, und sie hatten sich vor seinen Augen auseinandergezerrt in *zwei* stäbchenförmige Lebewesen, und der Vorgang wiederholte sich . . .
Trotz des Aufsehens, das Spallanzanis Arbeit in den gelehrten Kreisen Europas verursachte, ließ der Reiz des Neuen bald nach. Das Interesse an Mikroben erlahmte. Im Laufe der Jahre wurden schließlich wieder die alten Theorien von der Urzeugung laut, gegen die Spallanzani so unermüdlich gekämpft hatte.

Der Sieg über die Urzeugung

Ein Stich des jungen Louis Pasteur.

Erst Louis Pasteur gelang es letztendlich, die Wissenschaftler durch seine Überzeugungskraft und seine sorgfältig ausgearbeiteten Experimente aus dem Gewirr von Vorurteilen und Halbwissen zu befreien. Innerhalb von dreißig Jahren wurden die vorherrschenden Kenntnisse von Grund auf umgekrempelt.
Pasteurs Forschungsergebnisse waren in ihrer Eindeutigkeit nicht zu widerlegen, und sie führten die Urzeugungstheorie ad absurdum.
Er wies unumstößlich nach, daß die Keime von Mikroben nicht von allein entstehen, sondern von außen in Stoffe und Flüssigkeiten gelangen – zum Beispiel aus den Staubteilchen in der Luft. Dies führte ihn direkt zu der *Theorie von den Krankheitskeimen*, die besagt, daß viele Krankheiten durch Mikroben verursacht werden.
Aufgeschlossene Wissenschaftler erkannten bald die daraus folgenden Konsequenzen: Wenn Mikroben viele Krankheiten verursachten, dann mußten sie eben gefunden und isoliert werden, und man mußte Methoden finden, um sie zu kontrollieren, abzutöten oder sie daran zu hindern, sich einzunisten.
Die Ära der Immunologie hatte begonnen, der Kenntnis davon, wie man den Körper dazu bringt, seine eigenen Abwehrmechanismen gegen die Erreger bestimmter Krankheiten zu entwickeln.

Oben: Arbois, wo Pasteur in einem Haus an den Ufern des Flusses Cuisance aufwuchs. Das Haus der Familie blieb sein ganzes Leben lang sein Zufluchtsort. In Arbois und Umgebung führte er auch viele seiner Forschungen über die Wein- und Biergärung durch.

Rechts: Pasteur fertigte diese zwei Pastellzeichnungen von seinen Eltern an, als er 16 war; jetzt hängen sie im Institut Pasteur in Paris. Als Junge zeichnete Pasteur sehr gern, und mit 13 Jahren machte er talentierte Zeichnungen von seiner Familie und seinen Freunden, dem Haus, dem Fluß und den umliegenden Feldern.

Louis Pasteurs revolutionäre Erkenntnisse setzten in der Medizin eine Reformbewegung in Gang, die zahllose Menschenleben rettete. Darüber hinaus waren sie eine unschätzbare Quelle der Inspiration für weiterführende Forschungsarbeiten durch andere, später berühmt gewordene Wissenschaftler.

Der junge Pasteur

Nichts in der Kindheit Louis Pasteurs ließ auf seine spätere Karriere schließen. Er zeigte weder ein besonderes Interesse für die Wissenschaften, noch verspürte man bei ihm einen unbezwingbaren Forschergeist.
Seine Talente schienen hauptsächlich auf künstlerischem Gebiet zu liegen. Mit 13 Jahren verfertigte er bemerkenswerte Landschaftsskizzen und Portraits von seiner Familie.
Louis Pasteur wurde am 27. Dezember 1822 in der kleinen Stadt Dôle, unweit der Schweizer Grenze, geboren, in einer Straße, die jetzt seinen Namen trägt. Im Jahre 1822 hieß sie jedoch Rue des Tanneurs – die Gerberstraße; Louis' Vater sowie alle Nachbarn im Viertel waren Gerber.
Jedes Haus war eine Gerberei und der Geruch der frischen Häute von Rindern und Schafen, die gegerbt und zu Leder verarbeitet wurden, hing in der Luft.
Als Louis drei Jahre alt war, zog die Familie Pasteur nach Arbois. Er wurde zusammen mit seinen Schwestern, sämtlichen Möbeln und dem Handwerkszeug des Vaters auf einen Karren gepackt, und sie machten sich auf die Reise in die südöstlich gelegene Kleinstadt.
Auch hier betrieb Louis' Vater eine Gerberei. Sie bewohnten ein Haus, das groß genug war, um Werkstätten, einen Verkaufsraum und die Wohnung für die Familie unterzubringen.
Hier wuchs Louis mit seinen drei Schwestern auf. Das hügelige Arbois mit seinen Plätzen und schattigen Arkaden, seinem Flüßchen und seinen nahegelegenen Feldern, wo kleine Jungen endlos spielen und fischen konnten . . . diese Stadt war viele Jahre lang der Mittelpunkt seines jungen Lebens.

Frühstart

Schon früh hatte sich Louis in den Kopf gesetzt, Lehrer zu werden und sich dazu in Paris an der berühmten Ecole Normale Supérieure ausbilden zu lassen.
Sein erster Parisaufenthalt nahm jedoch ein klägliches Ende. Er war sechzehn und hing sehr an seiner Familie. Herausgerissen aus seiner vertrauten ländlichen Umgebung, war er in Paris, mit seinen überfüllten Straßen und hohen Häusern, krank vor Heimweh. Inmitten dieser lebensfrohen, turbulenten Stadt fühlte er sich fremd und einsam.
Nach sechs Wochen holte ihn sein Vater schließlich nach Hause. Zurück in Arbois, besuchte Louis die dortige Hochschule und beschäftigte sich wieder mit der Malerei. Später setzte er seine Studien im nahegelegenen Besançon fort.
In Paris war Louis über 400 Kilometer von zu Hause entfernt gewesen. Nun war er lediglich durch 40 Kilometer von seiner Familie getrennt. Er wurde in Besançon gut aufgenommen, fand für seine Zeichnungen viel Anerkennung und fühlte sich glücklich.
Sein ursprüngliches Ziel aber hat er nie aus den Augen verloren. In Besançon begann er sich auf die Ecole Normale vorzubereiten. Mit seinen Ergebnissen war er jedoch nicht zufrieden, weshalb er beschloß, den Studienort zu wechseln.

Der Beginn einer wissenschaftlichen Karriere

So kehrte Louis also nach Paris zurück, und diesmal war er fest entschlossen, sein Ziel zu erreichen. Er lebte wieder an der Barbet-Schule, an der er vor so vielen Jahren schon einmal angefangen hatte. Hier unterrichtete Louis morgens von sechs bis sieben die Schulanfänger.
Danach begann sein eigener Schultag mit Stunden am berühmten Gymnasium St. Louis und schließlich, als Höhepunkt des Tages, die Vorlesungen an der Universität Sorbonne.
An dieser berühmten Universität entwickelten und fe-

stigten sich allmählich Louis' Zukunftspläne. Er besuchte zahlreiche Seminare und Vorlesungen und lernte wissenschaftliche Methoden und wissenschaftliches Arbeiten kennen.

Den nachhaltigsten Eindruck hinterließen bei ihm die Kurse in Chemie.

Was für einen Lehrer hatte er in dem Chemieprofessor, Monsieur Dumas! Wie erregend war die Welt, die ihm dieser erschloß! Louis schrieb begeisterte Briefe über dessen Vorlesungen. Diese anfängliche Faszination hat ihn anscheinend nie mehr losgelassen – sie erwies sich als ebenso dauerhaft wie die Freundschaft mit Professor Dumas.

Darüber hinaus kam er mit dem Leben in der geschäftigen und turbulenten Stadt Paris, ganz im Gegensatz zu seinem ersten Aufenthalt, gut zurecht. Dies lag nicht zuletzt daran, daß er mit seinen Studien Fortschritte machte und seine berufliche Zielsetzung in greifbare Nähe rückte.

Am Ende des Schuljahres bestand Louis die Aufnahme-

Oben: Als Pasteur 1842 in Paris ankam, um seine Studien für die Ecole Normale aufzunehmen, war er von der Größe und Vielfalt dieser Stadt beeindruckt. Er konnte nicht wissen, daß er in dieser Stadt fast sein gesamtes Leben verbringen würde, noch konnte er voraussehen, daß er mit seinen Ideen die Wissenschaftler der Universität Sorbonne in Aufregung versetzen würde. (Gemälde von Jean Beraud, 1849-1936.)

prüfungen als Viertbester und trat im Oktober 1843, kurz vor seinem 21. Geburtstag, in die Ecole Normale ein, um sich zum Chemie- und Physiklehrer ausbilden zu lassen.

Erste wissenschaftliche Gehversuche

Als sich seine Studien an der Ecole Normale dem Ende näherten und er sich nach einem eigenen Forschungsgebiet umsah, dachte er nicht im entferntesten an Mikroben.

Er wollte in erster Linie ein erstklassiger Lehrer werden. Dazu mußte er seinen Unterrichtsstoff so gründlich beherrschen, daß er Jugendliche ebenso begeistern konnte, wie es Professor Dumas in seinen Vorlesungen gelang. Und vielleicht war es das Auge des Künstlers, das ihn schließlich zu Kristallen hinzog – zu diesen zarten, komplizierten Gebilden.

Einer seiner Lehrer hatte Pasteur die Probe eines Salzes gezeigt, das Kristalle gebildet hatte, und obwohl es scheinbar ein sehr reines Salz war, war es in Wirklichkeit eine Mischung aus drei verschiedenen Kristallarten. Louis hatte Feuer gefangen: Warum drei? Es mußte ein Sinn dahinter stecken . . .

Pasteur glaubte nicht an Zufälligkeiten oder willkürliche Zusammensetzungen. Er war vielmehr – mit Recht – davon überzeugt, daß diese Naturerscheinungen einer Gesetzmäßigkeit unterliegen, die es zu beweisen galt.

Und wie jeder Naturwissenschaftler stieß nun Louis Pasteur auf die Fragen der Wissenschaft: *Woraus* sind Stoffe gemacht; wie setzt sich Materie zusammen?

Kristalle aus reinem Salz, wie die, die Pasteur so faszinierten und ihn zu einer Untersuchung der Kristalle veranlaßten. Hier werden sie durch ein Elektronenmikroskop vergrößert, das sehr viel stärker ist als die Mikroskope Pasteurs. Das Bild zeigt deutlich die regelmäßigen Muster in den Atom- und Molekülstrukturen der Kristalle und die Vielfalt der Kristallformen.

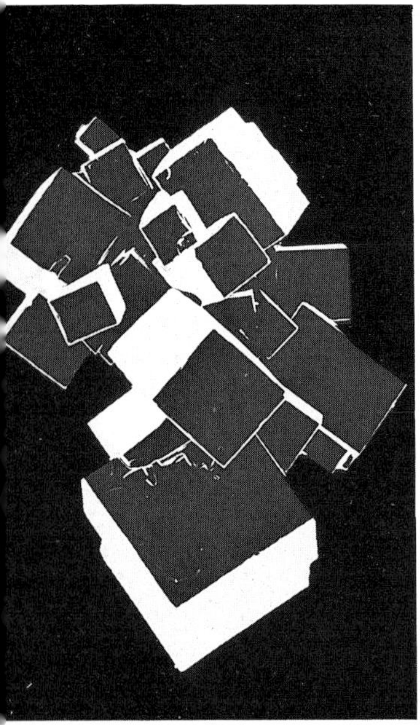

Kristalle und Licht

Von Kristallen wußte man damals lediglich, wie sie *aussahen*, aber nicht viel mehr. Pasteurs früherer Physiklehrer, Professor Biot, hatte zusätzlich herausgefunden, daß ein Lichtstrahl, wenn er durch einen Kristall fällt, nicht gerade verläuft, sondern sich *krümmt*. Warum? Diese Frage interessierte Pasteur brennend.

Dies war lange bevor Wissenschaftler herausfanden, wie

die Bausteine der Materie – die *Atome* – in jedem Stoff angeordnet sind. Es sollte Jahrzehnte dauern, ehe man wußte, wie eine Gruppe von Atomen angeordnet ist, um ein *Molekül* zu bilden, und wie eine Molekülgruppe ihrerseits einen Stoff bildet – einen festen, gasförmigen oder flüssigen Stoff. Und erst über ein halbes Jahrhundert später ermöglichte es die Entdeckung der Radioaktivität, den *inneren* Aufbau eines Atoms zu enthüllen.
Es war ein vielversprechendes Forschungsgebiet. Pasteur fragte sich, ob es einen Zusammenhang gab zwischen der Art des Kristalles und dem Verhalten von Licht. Oder zwischen der *chemischen Zusammensetzung* – der Anordnung seiner Bestandteile, die Chemiker nennen es *Verbindung* – und dem Verhalten von Licht. Oder zwischen seiner *Form* und dem Verhalten von Licht.
Er startete eine Versuchsreihe mit Weinsäurekristallen. In den Ablagerungen, die sich bei der Gärung von Traubensaft in Weinfässern bildeten, stieß er auf zwei Arten von Weinsäurekristallen. Doch merkwürdig: Wenn man eine Lösung aus dem ersten Kristalltyp und Wasser bereitete, wurde der Lichtstrahl, wie bei Professor Biot, gekrümmt.
Der zweite Kristalltyp, auf gleiche Weise präpariert, krümmte den Lichtstrahl *nicht!* Und doch waren beide Kristalle chemisch *identisch* – das heißt, beide enthielten die gleichen Bestandteile.

Jean-Baptiste Dumas, Pasteurs Chemieprofessor an der Sorbonne und sein lebenslanger Freund. Während der gesamten wissenschaftlichen Arbeit von Pasteur waren es Wissenschaftler wie Dumas, die die Bedeutung seiner Arbeit erkannten und ihn darin bestärkten und ermutigten.

Das Abenteuer beginnt

Schon steckte Pasteur mitten in seinem ersten Abenteuer. Er untersuchte unzählige Kristalle, betrachtete sie von allen Seiten durch sein Vergrößerungsglas, vermaß die Winkel zwischen den verschiedenen Flächen, löste sie auf, ließ sie erneut sich bilden, um die Ursache für die unterschiedliche Wirkung auf Licht zu finden.
Seine Hartnäckigkeit war beeindruckend. Er suchte weiter, zu einem Zeitpunkt, an dem viele andere junge Wissenschaftler entmutigt kapituliert hätten.
So beharrlich er auch Berechnungen durchführte, und so intensiv er die Kristallformen betrachtete, er konnte lange Zeit nicht das Geringste erkennen. Trotzdem war er

Weinsäurekristalle – die Kristalle, die sich bei der Gärung des Traubensaftes in Weinfässern finden.

»Er führte seltsame und unmögliche Experimente von der Art durch, die aus einem Verrückten ein Genie machen, wenn sie gelingen. Er versuchte, die Chemie lebender Dinge zu ändern, indem er sie zwischen starke Magnete plazierte. Er erdachte merkwürdige Uhrwerke, die Pflanzen vorwärts und zurück schwangen, in der Hoffnung, die rätselhaften Moleküle zu ändern, die diese Pflanzen zu Spiegelbildern ihrer selbst machten . . .«

Paul de Kruif, aus »Microbe Hunters«.

fest davon überzeugt, der Lösung des Problems bereits sehr nahe zu sein, und er setzte die Arbeiten an seiner Versuchsreihe unermüdlich fort.

Bild und Spiegelbild

Seine Hartnäckigkeit wurde belohnt. Als er zum tausendsten Mal durch sein Vergrößerungsglas schaute, fiel ihm plötzlich auf, daß sich die Kristalle in einem winzigen Detail unterschieden; so winzig, daß es ihm bisher nicht aufgefallen war! Alle Flächen bzw. Facetten der beiden Kristallarten waren zwar identisch, aber sie waren *spiegelbildlich* angelegt.
Immer aufgeregter löste er die verschiedenen Kristalle einzeln in Wasserlösungen auf und sagte voraus, wie sie das Licht beeinflussen würden. Und jedesmal stimmte die Voraussage . . .
Was war so aufregend an diesen Säuren, Kristallfacetten und dem Lichtstrahl? Es zeigte Pasteur etwas sehr Wesentliches, daß nämlich die *Struktur* eines Kristalls unter-

sucht werden konnte, indem man beobachtete, wie das Licht reagierte. Aus dem *Verhalten* eines Kristalls konnte man etwas über seinen *Aufbau* erfahren.

Die Zusammensetzung der Kristallarten wird heute durch Elektronenmikroskope und sogenannte Goniometer bestimmt. Diese Verfahrensweisen erlauben exaktere Ergebnisse über die gitterförmigen Kristallstrukturen, als es zu Lebzeiten Pasteurs möglich war.

Durch Pasteurs Entdeckung eröffneten sich neue Methoden, neue Techniken, ein ganz neuer Ansatz. Er legte den Grundstein zu einer neuen Wissenschaft, der *Stereochemie.*

Sein Fund war also ein wissenschaftlicher Fortschritt von enormer Tragweite. Und er unterstrich, daß es sich bei dem jungen Mann um einen hochkarätigen Forscher handelte, mit der Methodik eines erstklassigen Wissenschaftlers und dem Instinkt eines Abenteurers . . .

Pasteur plagten indes andere Probleme: Diese Kristalle waren gleich bis auf die Tatsache, daß sie Spiegelbilder voneinander waren. Es mußte einen Grund geben für diesen Unterschied (die Wissenschaftler nennen es Asymmetrie); nur welchen? Mit diesen Fragen war Pasteur die nächsten Jahre vollauf beschäftigt, bis ein unerwartetes Ereignis ihn aus der Welt der Kristalle herausriß und ihn vor ein anderes, ganz neues Problem stellte . . .

Seesalzkristalle in hundertfacher Vergrößerung durch ein Elektronenmikroskop. Es kann Bilder von Strukturen zeigen, die eine Million Mal kleiner sind als Dinge, die der Mensch mit bloßem Auge erkennen kann.

Auf Freiersfüßen

Ende 1848 war Pasteurs Zeit an der Ecole Normale vorüber, und im Januar 1849 wurde er mit seiner ersten großen Aufgabe betraut: Chemiedozent an der Universität Straßburg. Und hier traf er, im Alter von 26 Jahren, Marie Laurent, die Tochter des Universitätsrektors, und verliebte sich in sie.

Fünfzehn Tage später schrieb er mit der für ihn typischen Zielstrebigkeit und Entschlossenheit an den Rektor und bat um die Hand Maries. »Meine Familie ist ausreichend versorgt, aber nicht reich«, schrieb er. »Wir besitzen nicht mehr als fünfzigtausend Francs, und ich habe schon vor langer Zeit beschlossen, daß meine Schwestern all dies

»Jeden Morgen wachte ich mit dem Gedanken auf, daß Sie meine Liebe nicht erwidern, und dann weinte ich! Meine Arbeit bedeutet mir nichts – mir, dem meine Kristalle so wichtig waren, daß ich, wenn ich zu Bett ging, wünschte, die Nacht sei nicht so lang, so daß ich schneller an meine Arbeit zurückkehren könnte!«

Pasteur in einem Brief an Marie Laurent vor ihrer Hochzeit.

»Ihre Liebe zu ihm umfaßte auch das Verständnis für seine Arbeit. An den Abenden pflegte sie seine Diktate aufzunehmen; sie spornte ihn an, sich klarer auszudrücken; sie war wirklich interessiert ... und sie hatte verstanden, daß Gedanken klarer werden, wenn man gezwungen ist, sie auszudrükken ... Sie war nicht nur die ideale Frau für ihn; sie war zugleich die beste seiner wissenschaftlichen Mitarbeiter.«
Dr. Emile Roux.

haben sollen ... Alles, was ich besitze, ist Gesundheit, ein fähiger Verstand und meine Arbeit.
Ich bin seit 18 Monaten Doktor der Wissenschaften, und ich habe der Akademie der Wissenschaft einige Arbeiten vorgelegt, die gut aufgenommen worden sind ... Zur Zukunft kann ich nur sagen, daß ich mich, wenn sich meine Interessen nicht grundlegend ändern, der chemischen Forschung widmen werde.«
Anscheinend hatte er das Gefühl, daß Maries Mutter überzeugt werden mußte, denn er schrieb an sie: »Ich habe nichts an mir, das das Interesse eines jungen Mädchens wecken könnte, aber ich erinnere mich, daß diejenigen, die mich näher kennengelernt haben, mich sehr in ihr Herz geschlossen haben.«
Dennoch scheint er Maries Antwort nicht allzu zuversichtlich entgegengesehen zu haben: »Ich bitte nur, Mademoiselle, daß Sie mich nicht vorschnell beurteilen. Sie könnten einen Fehler machen. Die Zeit wird Ihnen zeigen, daß unter einem kalten und scheuen Äußeren, das Ihnen zweifellos mißfällt, ein Herz voll Zuneigung für Sie schlägt.«

Madame Pasteur

Sie heirateten am 29. Mai 1849. Marie schien von Anfang an akzeptiert zu haben, daß sich ihr Ehemann förmlich in seiner Arbeit vergrub und mit seinen Gedanken ständig in seinem Labor war. Sie machte es zu ihrer Lebensaufgabe, ihn zu unterstützen, die Haushaltssorgen von ihm fernzuhalten, ihn zu lieben und ihm vollständige Freiheit für seine Forschungen zu geben.
Madame Pasteur hatte aber auch Anteil an Pasteurs Arbeit. Besonders in seinen letzten Lebensjahren übernahm sie für ihn die Aufzeichnung seiner Ergebnisse und führte seine Korrespondenz. Emile Roux, Pasteurs Schüler, beschrieb sie als hervorragende Assistentin und Mitarbeiterin ihres Mannes.
In Straßburg lebten sie fünf Jahre lang. Pasteur wurde voll und ganz von seinen Kristallen und seinen Vorlesungen in Anspruch genommen. Marie erweiterte ihre Rolle als Ehefrau und Mitarbeiterin um die Aufgaben

einer Mutter. In Straßburg wurden drei ihrer fünf Kinder geboren: ihre Tochter Jeanne, ein Jahr darauf ihr Sohn Jean-Baptiste und zwei Jahre später Cecile.

Er wird sauer!

September 1854: eine neue Herausforderung! Pasteur wurde Professor der Chemie und Dekan der wissenschaftlichen Fakultät in Lille – einer blühenden Industriestadt im Norden Frankreichs.

Pasteur war erst 32 Jahre alt und sehr jung für einen so verantwortungsvollen Posten. Es war eine große Auszeichnung. Er nahm seine Lehrtätigkeit ernst: Er wollte seine Studenten dieselbe Ehrfurcht vor den vielfältigen Wundern der Natur lehren, die er selber verspürte.

Die Studenten von Lille waren interessiert. Die Vorlesungen von Louis Pasteur waren Ereignisse, die man nicht verpaßte. Energisch zog er, mit seinen Studenten im Schlepptau, durch die Fabriken und Gießereien, die Stahl- und Metallwerke von Frankreich und Belgien.

Im Jahr 1856 bat Monsieur Bigo ihn eines Tages um Hilfe. Monsieur Bigo besaß eine Fabrik, in der aus Rübenzukker Alkohol hergestellt wurde, und er hatte ein Problem: Meistens verlief die Umwandlung von Rübenzucker in Alkohol problemlos. Doch in einigen Fässern wurde der Saft einfach nur sauer. Die verdorbenen Fässer kosteten Monsieur Bigo jeden Tag Tausende von Francs.

Pasteur hatte sich zwar schon während seiner Studien über die Weinsäurekristalle Gedanken über die alkoholische Gärung gemacht, aber eigentlich wußte er, ebenso wie seine Zeitgenossen, so gut wie nichts darüber: Man ließ Früchte gären, und sie verwandelten sich in Alkohol. Aber niemand verstand, wie das zuging.

Louis Pasteur ließ sich für Monsieur Bigos Problem interessieren. Bei einem Besuch in der Fabrik nahm Pasteur sowohl von dem verdorbenen als auch von dem guten Alkohol eine Probe, die er zu Hause in seinem Labor gründlich untersuchte.

Unzählige Menschen arbeiteten in Frankreichs berühmter Weinindustrie. Doch jedes Jahr ging ein großer Anteil der Ernte verloren, weil der Gärungsprozeß gestört wurde. Vor denselben Problemen stand die Bierindustrie.
Louis Pasteur wandte sich diesen Problemen zu und konnte sie lösen. Dies wiederum hatte Auswirkungen auf die Medizin. (Gemälde von Edouard Debat-Ponsan.)

Das Rätsel um die alkoholische Gärung

Er brachte einen Tropfen der guten Flüssigkeit unter sein Mikroskop. Wonach suchte er? Er wußte es selbst nicht so genau. Vielleicht nach ein paar ihm vertrauten Kristallen, die ihm helfen würden, diesen Gärungsprozeß zu verstehen.

Als geschulter Wissenschaftler war sich Pasteur darüber im klaren, daß ihn übereilte Schlußfolgerungen nicht weiterbringen würden. Nur durch gründliche Untersuchungen konnte er endgültige Ergebnisse erzielen, die ihm bei der Problemlösung helfen würden.

In der Vergrößerung bemerkte Pasteur auf dem Tropfen gelbliche Kügelchen, auf denen es vor dunkleren Pünktchen wimmelte. Sie waren viel kleiner als alle Kristalle, die er je gesehen hatte! Er zerbrach sich den Kopf darüber, was es sein könnte, und schließlich fiel ihm ein, daß dies die Hefezellen sein müßten, die der Mischung immer beigefügt waren, wenn Zuckerrüben- oder Traubensaft gärte.

Die Wissenschaftler waren sich über deren Funktion allerdings nicht einig. Manche hielten die Hefezellen für eine verfaulende Masse, die durch ihr Verfaulen die Zuckermoleküle im Zuckerrüben- oder Traubensaft in Alkohol und *Kohlendioxid* spalteten.

Die Hefe lebt!

Doch je länger Pasteur darauf starrte, desto mehr war er davon überzeugt, daß die Hefeklümpchen *lebten* und daß sie die *Ursache* des Gärungsprozesses waren.

Er erinnerte sich vage an deutsche Wissenschaftler, die dasselbe behaupteten, und an einen französischen Wissenschaftler, der sich in Brauereien umgesehen und berichtet hatte, daß er auf der Hefe kleine Auswüchse gesehen hatte. Cagniard de Latour, jener französische Wissenschaftler, hatte darüber hinaus bereits einige Jahrzehnte vor Pasteur erkannt, daß die alkoholische Gärung tatsächlich durch Mikroorganismen bewerkstelligt wird. Seine Ergebnisse blieben allerdings ohne Auswirkungen auf die Wissenschaft.

»Der Zufall war häufig in der einen oder anderen Gestalt bei der Geburt einer Entdeckung zugegen. Über Zufälligkeiten stolpert jeder einmal, aber nur ein Genie kann sie richtig interpretieren. Aber Genie allein genügt nicht. Ohne entsprechende wissenschaftliche Ausbildung kann selbst der Intelligenteste das Spiel der zufälligen Faktoren nicht deuten oder Phänomene, die der Zufall ihm in den Weg gelegt hat, experimentell reproduzieren, um festzustellen, ob seine Schlußfolgerungen richtig sind oder nicht.«

Hilaire Cuny, aus »Louis Pasteur, his theories«.

»Pasteur war kein ausgebildeter Naturwissenschaftler, und er arbeitete allein, ohne eine Tradition hinter sich und ohne Partner, mit dem er seine Gedanken bei Zweifeln oder einer Überraschung hätte teilen können. Die vielen kurzen Notizen, die er zu seinen Beobachtungen hinterlassen hat, lassen einen an ein Kind denken, das in einem Wald hierhin und dorthin läuft, verwirrt von den Erscheinungen eines unbekannten Lebens, das es halb sieht, halb errät, und voller Freude, die Mannigfaltigkeit der Schöpfung zu entdekken . . . «

Professor René J. Dubos in »Free Lance of Science«.

Und Pasteur sah unter seinem Mikroskop ähnliche Auswüchse, und dann wurde zunächst einer, dann noch ein Auswuchs größer und spaltete sich ab, und plötzlich waren da zwei Hefeklümpchen, wo vorher nur eins gewesen war.

Nun wurde ihm langsam klar, was da geschah: Die Hefe wuchs und vermehrte sich, und dabei ernährte sie sich vom Rübensaft und gab Alkohol und Kohlendioxid ab!

Aber damit war sein Problem, oder vielmehr Monsieur Bigos Problem, noch nicht gelöst. Er machte mit seiner Untersuchung weiter. Ein Tropfen der sauren Flüssigkeit kam unters Mikroskop. Keine hübschen, runden Hefeklümpchen. Er sah genauer hin – wirklich keine.

Er nahm die Flasche und sah sie sich genau an. Dort *waren* aber Klümpchen – sie klebten an der Innenseite und schwammen in der Flüssigkeit umher . . .

Schon an der Flaschenwand war zu erkennen, daß sich diese Klümpchen von den gesunden Hefeklümpchen deutlich unterschieden. Pasteur konnte zu diesem Zeitpunkt lediglich vermuten, daß zwischen diesen andersartigen Klümpchen und dem verdorbenen Alkohol ein Zusammenhang bestand. Es war durchaus möglich, daß

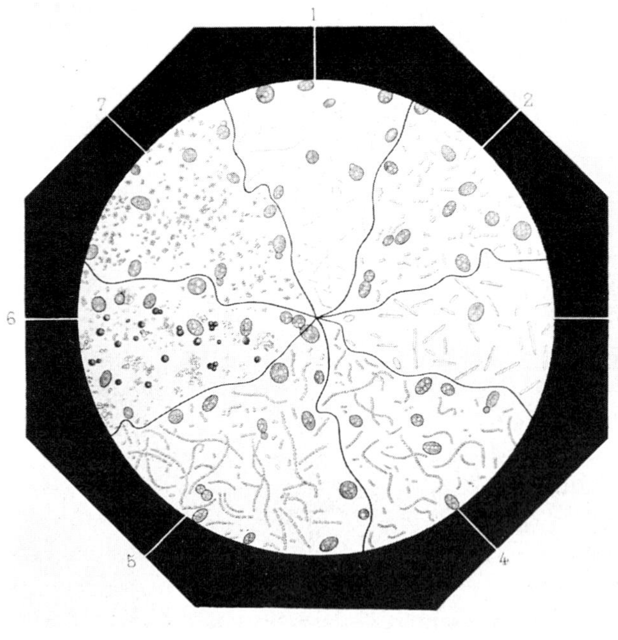

Pasteurs Arbeit in der Zuckerrübenfabrik war der Beginn einer langjährigen Untersuchung der Gärung. Dies ist eine Zeichnung von Louis Pasteur aus seinen 1876 veröffentlichten »Studien über das Bier«. Sie zeigt die Mikroorganismen, die die Gärung in vielen unterschiedlichen Flüssigkeiten verursachen – einschließlich verdorbenem Wein, Essig und saurer Milch.

sie die eigentliche Ursache für den unterbrochenen Gärungsprozeß waren. Endgültige Klarheit konnte allerdings nur eine gründliche Untersuchung ergeben.

Stäbchentanz

Nach einigen Schwierigkeiten gelang es ihm, eines der Klümpchen unter das Mikroskop zu bekommen. Er konnte es kaum glauben: Winzige schwarze Stäbchen, Millionen und Abermillionen, wimmelten in diesem einzelnen Wassertropfen in einem seltsamen, endlosen Tanz. Viel kleiner als die Hefeklümpchen! Es konnte kaum mehr sein als ein tausendstel Millimeter!
Weitere Stunden verstrichen, während Pasteur in die Betrachtung dieser Wesen versank. Dann eilte er schnell zur Fabrik: Nichts war jetzt wichtiger, als diesen kleinen tanzenden Stäbchen auf der Spur zu bleiben. Er nahm weitere Proben: tatsächlich, je saurer die Gärung, desto mehr von diesen Lebewesen waren darin.
Und er verstand, was dort vor sich ging. Diese Wesen hatten die Hefezellen überwältigt und hinderten sie, Alkohol zu erzeugen. Stattdessen produzierten die kleinen Stäbchen *Milchsäure:* dieselbe Zutat, die Milch sauer werden läßt.
Zurück zur Rübenfabrik. Weitere Proben. Stäbchen? Ja! Immer, wenn der Saft sauer geworden war, waren die Stäbchen zu finden. Und wenn sie dort waren, gab es keinen Alkohol, nur Milchsäure.

Pasteurs Forschung über die Gärung führte ihn zur Entwicklung einer Methode, Wein, Essig und Bier vor dem Verderben zu bewahren – der Pasteurisierung. Dies ist eine Zeichnung der Apparatur, die Pasteur für seine Experimente zum Bier verwendete. Der Kolben links enthielt die abgekochte Würze (die Bestandteile, die nach der Gärung zu Bier wurden). Der Kolben rechts enthielt eine reine Hefekultur. Die Luft konnte nur durch das Rohr eindringen. Selbst nach 18 Monaten war das Bier nicht verdorben, da die Mikroben nicht durch das Rohr hinaufgelangen konnten.

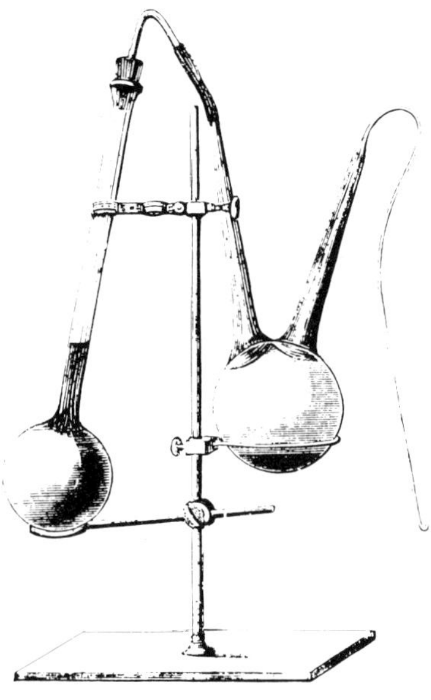

Der Alkohol ist gerettet

Noch war ungeklärt, wie die Stäbchen in die Fässer gelangt waren (obwohl Pasteur schon zu diesem Zeitpunkt vermutete, daß sie aus der Luft kamen), doch er konnte Monsieur Bigo sagen, wie der Gärungsvorgang sichergestellt werden konnte, indem man die Flüssigkeit aus den Fässern unter dem Mikroskop prüfte. Wenn man nur Hefezellen sehen konnte, war alles in Ordnung, doch wenn nur *eines* der Stäbchen aufgetreten war, mußte man alles vernichten. Waren die schwarzen Stäbchen erst

Das Gerät, das Louis Pasteur zur Pasteurisierung von Bier entwickelte. Seine Methode wird inzwischen nicht nur für Wein und Bier verwendet, sondern auch für Milchprodukte und andere Nahrungsmittel. Weder Pasteur noch andere Wissenschaftler seiner Zeit hatten spezielle Arbeitsräume. Ihre Ausrüstung war primitiv, ihre Labors befanden sich in unbenutzten Dachböden und Kellern, und ihre Quellen bestanden aus kaum mehr als ihrem eigenen Wissen und dem Erkenntnisaustausch mit ihren Kollegen.

einmal in den Saft gelangt, würden sie sich zu Millionen vermehren und die Hefezellen zerstören.
Für die Alkoholhersteller von Lille war Pasteur ein Held. Ihre Industrie war gerettet. Die Erfahrung in Bigos Zuckerrübenfabrik hatte Pasteur hingegen auf ein neues, fesselndes Forschungsgebiet geführt.
Es ging ihm nicht mehr aus dem Sinn. Er war sicher, daß die Stäbchen die Milchsäure und die Hefe den Alkohol *herstellten*. Stäbchen und Hefe, die sich gegenseitig bekämpften: dieses Bild ließ ihn nicht mehr los und trieb ihn in seiner Arbeit über die Mikroben an.

Mikrobenzucht

In dem Zuckerrübenbrei konnte er die Stäbchen allerdings nicht richtig untersuchen. Als erstes mußte er etwas finden, worin sie wachsen würden und er sie trotzdem deutlich sehen konnte.
Er versuchte es mit Zuckerwasser, doch es funktionierte nicht. Sie waren sehr wählerisch, diese tanzenden Stäbchen! Er probierte alle möglichen Mixturen, erhitzte und filterte, und dann setzte er seine Stäbchen an und erkannte voller Enttäuschung, daß sie nicht wuchsen . . .
Vielleicht eine Nährflüssigkeit, die mit Hefe zubereitet wurde? Er gab getrocknete Hefe ins Wasser und fügte etwas Zucker hinzu; dann kochte er die Lösung, so daß sie vollkommen keimfrei war, und verdünnte sie, bis sie ganz klar war.
Dieser neue Sud enthielt – möglicherweise, ohne daß sich Pasteur darüber klar war – ähnliche Zutaten, die bereits Spallanzani verwendete, als er die Mikrobenteilung untersuchte. Durch die starke Verdünnung wurde es Pasteur ermöglicht, die erwarteten Mikrobenkulturen zu erkennen, ohne der Lösung die wichtigen Nährstoffe zu entziehen. Die Voraussetzungen für das Experiment waren demzufolge ideal.
Würden die Stäbchen darin wachsen? Er übertrug ein Klümpchen aus einer kranken Gärung in die Nährlösung und stellte sie in seinen Brutofen, wo die Mischung gleichmäßig warm gehalten wurde.
Ein Tag voller Spannung verging, angefüllt mit tausend

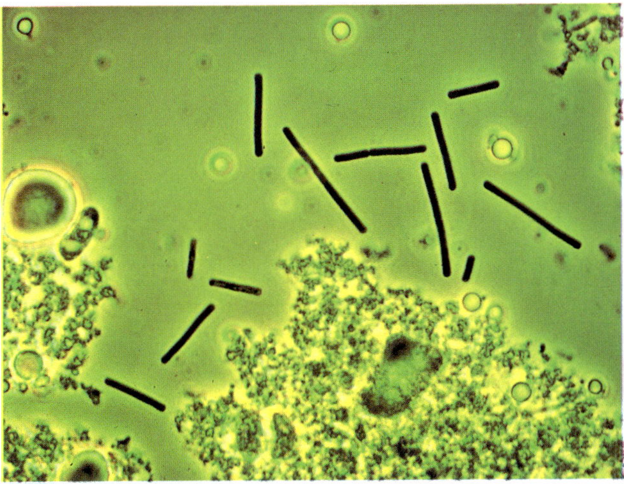

Oben: Moderne Weinfässer aus rostfreiem Stahl werden von der neuesten Computertechnologie kontrolliert. An Pasteurs Prinzip der Pasteurisierung hat sich dagegen nichts verändert: Mikroben werden durch Erhitzung vernichtet; heiß genug, um die Mikroben abzutöten, ohne jedoch den Wein zu verderben.

Louis Pasteurs »tanzende schwarze Stäbchen« – die Bazillen, die er in den verdorbenen Zuckerrübenfässern entdeckte. Hier sind sie in Joghurt zu sehen.

anderen Aufgaben, die den vielbeschäftigten Lehrer in Anspruch nahmen. Doch wenn er in seinen Brutkasten blickte, war nichts zu sehen.
Für Pasteur war es ein kritischer Moment. Er war davon überzeugt, daß seine Vermutungen richtig waren, aber der endgültige Beweis war noch nicht erbracht. Sollte sich seine Hypothese bewahrheiten, daß sich die Stäbchen in der Nährflüssigkeit vermehrten und Milchsäure produzierten, dann würde es ihn in Hinblick auf seine Theorie von den Krankheitskeimen ein gewaltiges Stück voranbringen. Alles hing vom Gelingen seines Experiments ab.
Und dann, nach zwei Tagen, sah er etwas – Blasen, kleine Gasbläschen, die in dem Sud aufstiegen. Sie kamen aus dem Klümpchen, das er angesetzt hatte!
Aber – ganz sicher waren dort auch Klümpchen, die gestern noch nicht dort gewesen waren!

Das Geheimnis wird gelüftet

Unter dem Mikroskop entdeckte er Abertausende von Stäbchen! Sie hatten sich rasant vermehrt. Und – er prüfte es gewissenhaft nach – auch in seiner Hefelösung war durch die angesetzten Keime Milchsäure entstanden.
Aber noch fehlte der Beweis! Er übertrug einige Stäbchen in eine neue Hefelösung. Es passierte genau dasselbe. Er setzte einige in frischer Milch an. Die Milch wurde sauer, und die Keime vermehrten sich. Er wiederholte das Ganze wieder und wieder, bis er völlig sicher war: Wenn er einen einzigen Tropfen mit Stäbchen einer Nährlösung beimengte, entstanden *immer* Millionen neuer Stäbchen, und sie erzeugten *immer* Milchsäure.
Darin lag also das Geheimnis! So wie Hefe die alkoholische Gärung verursachte, so bewirkten diese Stäbchen die Milchsäuregärung.

»Zu glauben, daß man eine wichtige wissenschaftliche Tatsache entdeckt hat, sich danach zu sehnen, sie zu verkünden, und sich doch tage-, wochen-, manchmal jahrelang zurückzuhalten; zu versuchen, seine eigenen Experimente zu widerlegen; seine Entdeckung erst zu veröffentlichen, nachdem jede andere Möglichkeit ausgeschlossen ist – ja, das ist schwer. Aber wenn . . . man dann Gewißheit hat, ist die Belohnung eine der größten Freuden, deren die menschliche Seele fähig ist.«

Louis Pasteur.

Kleine Ursache – große Wirkung

Der Gärungsprozeß, der bereits seit der Antike bekannt ist und seither genutzt wird, den sich jedoch bisher niemand hatte erklären können, war nun endlich kein ungelöstes Rätsel mehr. Durch Pasteurs Ergebnisse war der Gärvorgang nachvollziehbar geworden. Winzige Hefepilze und stäbchenförmige Mikroben, die nur unter dem Mikroskop zu erkennen waren, bestimmten über Erfolg und Scheitern des Gärungsverlaufs.

Im August 1857 hielt er darüber einen Vortrag bei der Wissenschaftlichen Gesellschaft in Lille und erzählte seinen Studenten davon. Außerdem schrieb er seinem früheren Lehrer Dumas und bereitete einen Bericht für die Akademie der Wissenschaft in Paris vor, der wichtigsten Institution der wissenschaftlichen Welt in Frankreich.

Er erregte großes Aufsehen. Pasteurs Schlußfolgerungen widersprachen den Theorien der angesehendsten Wissenschaftler. Diese hielten die Gärung lediglich für eine chemische Reaktion von Substanzen. Sie hatten zum Teil sogar recht: Es ist allerdings eine von der Hefe *erzeugte* Substanz, die die alkoholische Gärung durch eine chemische Reaktion verursacht.

Die Theorie Pasteurs, daß die Hefe, ein lebender Organismus, die Ursache der alkoholischen Gärung sei, kam damit der Wahrheit viel näher!

Von der Erkenntnis der schädigenden Wirkung stäbchenförmiger Mikroben zur Sicherstellung des Gärungsprozesses war es für Louis Pasteur nur ein kleiner Schritt. Die Tatsache, daß Mikroben durch Hitze abgetötet werden konnten, war ihm – auch durch seine eigenen Vorarbeiten – bereits hinlänglich bekannt. Nun galt es nur noch, die richtige Temperatur herauszufinden, bei der zwar die Mikroben vernichtet wurden, die Qualität von Wein, Bier oder Essig jedoch erhalten blieb.

Zahlreiche Verpflichtungen, andere Forschungsarbeiten und besonders die Diskussion über die Theorie der Urzeugung verzögerten die Entwicklung seiner Konservierungsmethode. Erst acht Jahre später veranlaßten ihn die existenziellen Schwierigkeiten der Weinbauern in seiner Heimatstadt Arbois, zu diesem Problem zurückzukehren. Das damals entwickelte Verfahren der Pasteurisie-

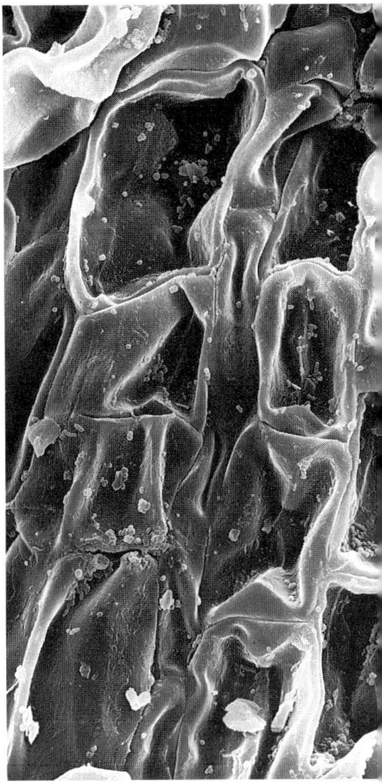

Weinhefe auf der Oberfläche eines Weinkorkens. Die Hefe ist in Form von winzigen Klümpchen vor dem Kork zu sehen, während durch die Stärke eines Elektronenmikroskops auch die Korkstruktur zu erkennen ist.

»Nichts ist angenehmer für jemanden, der die Wissenschaft zu seinem Beruf gewählt hat, als die Zahl der Entdeckungen zu vermehren, doch die größte Freude erlebt man, wenn das Ergebnis seiner Untersuchungen unmittelbar praktisch angewandt wird.«

Louis Pasteur.

rung, die Lebensmittel kurzzeitig bei einer Temperatur unter 100 Grad Celsius zu erhitzen, wird auch heute noch angewendet.

Wider die Urzeugung

Ende 1857 hatte ein neuer Abschnitt in Pasteurs Leben begonnen: Er wurde als Verwalter und Direktor an seine alte Schule berufen, an die Ecole Normale in Paris.
Zu dieser Zeit stieß Pasteur auf eine jahrhundertealte Streitfrage – die Theorie der *Urzeugung*.
Wissenschaftler glaubten inzwischen nicht mehr, daß Menschen, Säugetiere oder Insekten anders als durch *Eltern derselben Art* erzeugt wurden. Doch bei den Mikroben – Pilzen, Hefen und anderen Mikroorganismen –

Das elegante Paris. Pasteur schrieb einmal an seinen Vater: »Hier sehen wir mehr als anderswo Laster und Tugend, Ehrenhaftigkeit und Betrug, Reichtum und Armut, die ständig aufeinandertreffen und ineinandergreifen. Doch man kann hier so gut wie anderswo einfach und aufrecht im Herzen bleiben.« Pasteur hätte von dem Erlös der Pasteurisierung und der Impfstoffe enorm reich werden können. Statt dessen ließ er den Erlös seiner Arbeit dem Staat zukommen oder gab ihn für notwendige wissenschaftliche Ausrüstung aus.

Links: Pasteurs erstes »Labor« an der Ecole Normale bestand aus zwei Dachgeschoßräumen. Später zog er in etwas größere Räume in diesem Gebäude am Stadttor um. Hier führten er und seine Assistenten fast alle Untersuchungen zu den Krankheitserregern durch.

hielt man an der Urzeugung fest. Seine Arbeit über die Gärung überzeugte Pasteur davon, daß Mikroben schon in der Luft seien und daß man sie nur – mittels eines Mikroskops – auf festem Stoff oder in Flüssigkeiten nachweisen kann. Er stand mit seiner Überzeugung nicht allein. Auch andere, wie seine früheren Lehrer Biot und Dumas, billigten die Theorie der Urzeugung nicht.

Es ist immer schwierig, neue Erkenntnisse durchzusetzen, besonders wenn es sich um den Umsturz von Überzeugungen handelt, die seit Jahrhunderten gültig waren. Auch Pasteur sah sich diesem Problem ausgesetzt.

Er war ein noch relativ junger Wissenschaftler, und es würde für ihn, trotz der Unterstützung durch angesehene Professoren, nicht einfach sein, die Meinungen wissenschaftlicher Autoritäten zu ändern. Aber er war entschlossen, seinen Standpunkt durchzusetzen und die Theorie von der Urzeugung zu widerlegen.

Es sollte eine zähe und langwierige Auseinandersetzung werden. Jahre später beschrieb er die Position seiner Gegner mit einem Zitat des französischen Historikers Bossuet: »Die größte Unordnung des Verstandes ist es zu glauben, die Dinge seien so, weil wir wünschen, daß sie so sind.«

Pasteur erkannte, daß es nur eine Lösung gab: Beweise, und nur Beweise, würden Wissenschaftler auf den – wie er wußte – richtigen Weg setzen.

Gärung und Verwesung fanden niemals statt, wenn keine Mikroben da waren. Soviel hatte er bewiesen. Und nun glaubte man, daß Mikroben durch das Verrotten von Leichen und verfaultem Fleisch entstanden. Niemand sah die andere Möglichkeit, daß die Mikroben das Verfaulen *verursachten*. Und doch wies alles in Pasteurs Arbeit darauf hin. Aber wie sollte er es beweisen?

Professor Jean-Baptiste Biot, Pasteurs Physikprofessor. Wie viele andere stimmte er mit Pasteur überein, daß die »Urzeugung« Unsinn war, doch er meinte auch, daß es nicht zu beweisen sei und Pasteur damit seine Zeit vergeude. Er ignorierte den Ratschlag des viel erfahreneren Professor Biot und machte weiter.

Vorarbeiten

Zuerst mußte er eine Möglichkeit finden zu beweisen, daß Mikroben von außen in Dinge gelangten. Dazu mußte er alle Mikroben in einem versiegelten Behälter abtöten und zeigen, daß keine neuen entstanden. Er füllte Glaskolben mit der Hefelösung und erhitzte sie; noch

während des Erhitzens versiegelte er die Kolben, indem er den Flaschenhals verschmolz.
Dann unterteilte er die versiegelten Kolben in zwei Gruppen. Mit einer Zange öffnete er die Flaschen der einen Gruppe wieder, ließ Luft hereinströmen und versiegelte sie erneut. Alle Kolben der zweiten Gruppe *blieben* versiegelt. Dann steckte er beide Gruppen in seinen Brutofen.
Die Ergebnisse waren eindeutig. In den Kolben, die er geöffnet und wieder verschlossen hatte, wuchsen Hefe und andere Pilze. In den anderen Kolben wuchs nichts. Wie immer wiederholte Pasteur das Experiment unzählige Male, um jeden Zweifel zu beseitigen.
Damit hatte er bewiesen, daß Keime nur von außen kamen. Doch die Anhänger der Urzeugung konterten. Wenn man die Luft ausschloß, so argumentierten sie, verhinderte man die Urzeugung; Mikroben brauchten natürliche, nichterhitzte Luft, um eigenständig zu entstehen!
Pasteur antwortete gelassen: » . . . die Frage ist noch vollkommen unentschieden. Es ist jungfräuliches Gebiet, das noch auf entscheidende Beweise wartet . . . Wir müssen *experimentieren*, um die Antworten zu finden.«

»Es handelt sich hier nicht um eine Frage der Religion, der Philosophie, des Atheismus, Materialismus oder Spiritualismus. Ich könnte sogar hinzufügen, daß sie für mich als Wissenschaftler unwichtig sind. Es ist eine Frage der Tatsachen; als ich mich damit zum ersten Mal beschäftigte, war ich ebenso bereit, durch Experimente von der Existenz der Urzeugung überzeugt zu werden, wie ich jetzt davon überzeugt bin, daß diejenigen, die daran glauben, blind sind.«
Louis Pasteur.

Der endgültige Beweis

Und während seine Gegner noch diskutierten, begann er, ein solches Experiment zu planen. Er war überzeugt, daß nicht die Luft selbst, sondern der *Staub* in der Luft die Mikroben enthielt. Doch sah er keine Möglichkeit, die Luft in seine Kolben zu lassen, ohne daß auch die Mikroben hineinkamen.
Seine Rettung war Professor Balard, ein älterer Chemieprofessor, der gern in den Labors herumwanderte, um die Arbeiten der anderen zu begutachten.
Eines Tages schlenderte er in Pasteurs Labor und erfuhr von dessen Problem. Und Balard fand die Lösung: Man mußte die Flaschenhälse zu einem nach unten gebogenen S formen. Dann könnte die Luft einströmen, aber der Staub würde durch die Schwerkraft nach unten fallen und die Krümmungen nicht überwinden können.

Der originale schwanenhalsige Kolben, den Pasteur bei seinen Experimenten über die Keime in der Luft benutzte. Man kann ihn im Institut Pasteur in Paris besichtigen – er ist heute noch keimfrei, einhundertunddreißig Jahre nach Durchführung des Experiments!

Pasteur befolgte seinen Rat. Wieder bereitete er seine Hefelösung zu und erhitzte sie. Als die Flüssigkeit kochte, wurde die Luft hinausgedrängt: Aber diesmal wurde, als sich die Flüssigkeit abkühlte, die Luft zwar hineingesogen, der Staub und die Mikroben jedoch blieben in dem langen gebogenen Hals stecken.

In die Kolben gelangte nichts. Aber als er einige schüttelte, so daß die Hefelösung in die schwanenhalsförmigen Hälse gelangte, den Staub mitnahm und wieder in den Bauch zurückfloß, füllten sie sich mit Mikroben, die sich munter vermehrten!

Einige dieser schwanenhalsigen Kolben sind im Institut Pasteur im Originalzustand zu besichtigen. Die Flüssigkeit, die, nun vor über 130 Jahren, eingefüllt worden ist, weist bis heute keinen Mikrobenbefall auf.

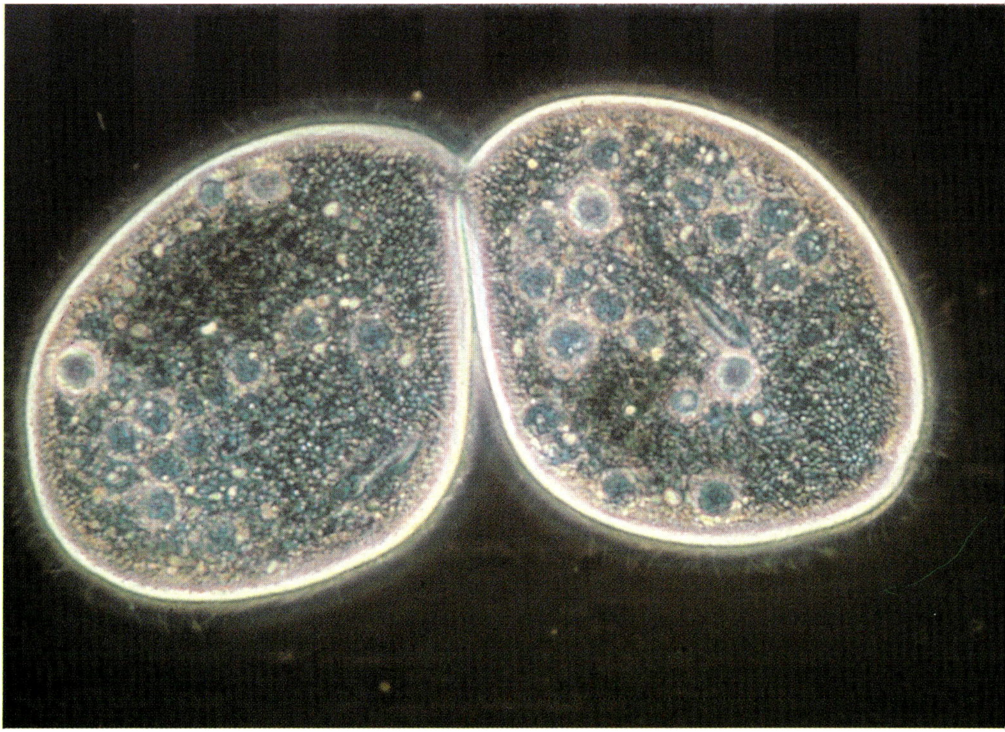

Schmutz in der Luft

Pasteur überlegte, daß die Anzahl der Staubteilchen in der Luft von Ort zu Ort verschieden sei. Darauf baute er sein nächstes Experiment auf.
Inzwischen hatte er schon Assistenten. Gemeinsam bereiteten sie 60 Kolben mit Nährlösung zu. Zehn brachten sie in die Keller des Pariser Observatoriums, weitere zehn auf den Hinterhof, zwanzig auf einen Hügel bei Arbois und zwanzig weitere auf den Mont Blanc.
Von den zehn Kolben in den Kellern, wo die Luft stillstand, bildeten sich nur in einem Mikroben. Im Hof dagegen zeigten alle zehn Kolben Bakterienkulturen. Auf dem Hügel bei Arbois bildeten sich nur in acht von zwanzig Kolben Mikroben. Und von den zwanzig Kolben, die den Mont Blanc hinaufgetragen wurden, fanden sich nur in einem Mikroben.
Im November 1860 unterrichtete Pasteur die Akademie der Wissenschaft von seinen Ergebnissen: »Sie befähigen

Wie andere Wissenschaftler vor ihm beobachtete Louis Pasteur, daß sich viele Mikroben einfach durch Teilung vermehren. Er erkannte die Bedeutung dieses Prozesses in Bezug auf Krankheitsursachen und deren Bekämpfung.
Ein einzelner Organismus konnte sich innerhalb von sieben oder acht Stunden zu Millionen vermehren. Auf diesem Foto befindet sich ein Mikroorganismus, ein sogenanntes Protozoon, in der letzten Phase vor der Teilung in zwei Mikroorganismen.

uns, definitiv festzustellen, daß die in der Atmosphäre schwebenden Staubteilchen der ausschließliche Ursprung für die Existenz von Leben in den Flüssigkeiten sind.«
Er war davon überzeugt, daß damit die Arbeiten nicht abgeschlossen waren, sondern vielmehr neue Fragen und Unklarheiten aufgeworfen wurden: »Am wünschenswertesten wäre es, diese Untersuchungen so weit voranzutreiben, um den Weg für eine ernsthafte Forschung nach der Ursache der verschiedenen Krankheiten freizumachen.«

Oben: Pasteur und seine Frau im Jahr 1889.
Unten: Pasteur mit seiner Enkelin. Drei seiner fünf Kinder starben, zwei davon an Typhus.

Jahre der Forschung

Während der folgenden zehn Jahre widerlegte er alle Einwände seiner Gegner. Und er hatte viele Gegner, zum Teil aus wissenschaftlichen Gründen, zum Teil, weil einigen fest etablierten Wissenschaftlern dieser erfolgreiche junge Mann nicht behagte, der plötzlich in ihrer Mitte aufgetaucht war.
1862, im Alter von fast 40 Jahren, wurde er in die Akademie der Wissenschaft aufgenommen. Jetzt verbrachte er einen Großteil seiner Zeit mit Vorlesungen, die eine Inspiration für seine Forscherkollegen waren.
Seine Aufnahme in die Akademie in diesem Jahr macht deutlich, daß nicht alle Wissenschaftler seine Ergebnisse anzweifelten oder schlichtweg ignorierten. Vielmehr ist es ein Anzeichen dafür, daß eine beachtliche Anzahl von Kollegen die weitreichenden Schlußfolgerungen seiner Resultate durchaus erkannten.
Es war nicht mehr zu leugnen, daß Pasteur ein ernsthafter und ernstzunehmender Wissenschaftler war. Spöttische Äußerungen wie »Die Mikrobe ist klein, und Pasteur ist ihr Prophet«, die lange Zeit in Fachkreisen kursierten, waren vergessen.
Für Pasteur war es eine Genugtuung zu sehen, daß seine Beobachtungen endlich aufgegriffen wurden. Die Wissenschaft begann sich schließlich, von überkommenen Anschauungen zu lösen.
Es war eine aufregende Zeit, die 50er und 60er Jahre des letzten Jahrhunderts, für die Wissenschaft, für die ganze

Welt! Doch für Pasteur persönlich auch eine sehr bittere Zeit: Im September 1859 starb seine älteste Tochter Jeanne plötzlich an Typhus. Sie war erst neun Jahre alt.

Keime, Keime überall

Pasteur entschied, daß die ganze Welt von den Keimen erfahren mußte! Im April 1864 hielt er an der Sorbonne einen Vortrag vor einem großen, internationalen Publikum. Er löschte das Licht im Saal. Dann ließ er einen Lichtstrahl aufleuchten, so daß die Millionen in der Luft schwebenden Staubteilchen sichtbar wurden. Er erzählte seinen gebannten Zuhörern von den darin treibenden Millionen von Keimen . . .
Und er führte zwei Glaskolben vor: einen gewöhnlichen, mit Mikroben, und einen der schwanenhalsigen Kolben aus dem Experiment von vor vier Jahren, in dem die Nährlösung immer noch ungetrübt war.

Ein Stich aus der französischen Zeitschrift »La Nature« aus dem Jahr 1884; er zeigt Louis Pasteur in seinem kahlen Labor in der Ecole Normale. Die damaligen Arbeiten Pasteurs und seiner Assistenten verhalfen der Wissenschaft zu einem großen Sprung nach vorn. Zum ersten Mal konnten die Krankheitserreger nicht nur identifiziert und isoliert, sondern auch bekämpft werden.

Pasteurs Entwicklung der Pasteurisierung bewahrte die französische Weinindustrie vor der Katastrophe. Er experimentierte mit der Erhitzung von Wein, bis er entdeckte, daß bei 50 bis 60 Grad Celsius die schädlichen Mikroben abgetötet, der Wein aber nicht verdorben wurde. Später wandte er diese Prinzipien auf Essig und Bier an.

Gegenüber: Operationssäle waren Mitte des 19. Jahrhunderts wenig mehr als Stätten des Todes. Fünfzig Prozent der Patienten starben nach einer Operation; zehn bis zwanzig Prozent der Frauen starben im Kindbett an Infektionen, die sie sich im Krankenhaus zugezogen hatten.

»Worin unterscheiden sich nun diese beiden?« fragte er sein fasziniertes Publikum. »Sie enthalten dieselbe Flüssigkeit, dieselbe Luft, sie sind beide offen. Der einzige Unterschied ist, daß in diesem der Staub der Luft und ihre Keime in den Kolben fallen und an die Flüssigkeit gelangen können, wo sie mikroskopisch kleine Lebewesen erzeugen können. In diesem anderen können die Keime der Luft nicht oder nur unter großen Schwierigkeiten an die Flüssigkeit gelangen.«

In diesem Jahr entdeckte Pasteur zugleich ein Verfahren, mit dem eine Störung des Gärungsprozesses durch Mikroben von Anfang an verhindert werden kann. Diese Konservierungsmethode trägt bis heute seinen Namen – die *Pasteurisierung.*

Von der Theorie in die Praxis

In Schottland las Joseph Lister, Professor der Chirurgie, von Pasteurs Mikrobennachweis. Er begann erfolgreich, nach Methoden zum Abtöten der Keime zu suchen. Die

Joseph Lister, der Pasteurs Nachweis der Krankheitskeime als erster in die Praxis umsetzte. Nach seiner Einführung der antiseptischen Chirurgie fiel die Sterberate von fünfzig auf drei Prozent.

»Falls Sie jemals nach Edinburgh kommen, werden Sie es . . . äußerst lohnend finden, in unserem Krankenhaus herumzugehen und zu sehen, wie sehr die Menschheit von Ihrer Arbeit profitiert. Muß ich hinzufügen, welch große Befriedigung es mir selbst bereiten würde, Sie herumzuführen und Ihnen zu zeigen, wie sehr die Kunst der Chirurgie in Ihrer Schuld steht?«

Joseph Lister in seinem Brief an Louis Pasteur, 1874.

Krankenhäuser waren grausig zu jener Zeit: unhygienisch und stinkend. Meistens starben die Menschen nicht an den Krankheiten, deretwegen sie gekommen waren, sondern an den Entzündungen, die sie sich dort holten. Die Sterberaten nach Operationen betrugen über 50 Prozent.

Die Schuld lag in den häufigsten Fällen nicht – wie man vermuten könnte – bei den Chirurgen, sondern sie waren in den Zuständen der Behandlungsräume zu suchen. Seit die Chirurgie ein Unterrichtsfach an den Universitäten war, wurden viele Operationen in gewöhnlichen Vortragssälen unter den Augen zahlreicher Interessierter durchgeführt. Die benötigten Instrumente wurden zwar gesäubert, waren deshalb jedoch noch lange nicht steril. Auch die Verbände wurden nicht keimfrei gehalten. Die hygienischen Bedingungen waren katastrophal.

Es verwundert nicht, daß die meisten Operationswunden sich entzündeten und auch durch neuerliche Eingriffe keine Besserung eintrat.

Vor Pasteurs Keimtheorie wußte allerdings niemand, woran das lag und warum Patienten, die eine Operation gut überstanden hatten, innerhalb weniger Tage an inneren Entzündungen starben.

Nun wurde offensichtlich, daß unter den bestehenden Umständen das Sauberhalten einer Wunde unmöglich war. Durch unzureichende hygienische Verhältnisse würden immer Mikroben in die offene Wunde gelangen und den Heilungsprozeß verhindern.

Aber ab 1867 wurden auf Listers Station alle Instrumente in eine starke Karbolsäurelösung getaucht, um die Keime zu vernichten; Mediziner schrubbten ihre Hände mit Karbol, und während der Operation wurde die Wunde damit besprüht. Zum Verbinden benutzte Lister antiseptisches Material. Mit den neuen Methoden verringerte er die Sterberate auf 3 Prozent.

Jahre später, 1874, schrieb er an Louis Pasteur: »Erlauben Sie mir, die Gelegenheit zu ergreifen, Ihnen meinen wärmsten Dank dafür auszusprechen, daß Sie mir durch Ihre genialen Forschungen die Wahrheit der Theorie über die Entstehung von Eiter durch Keime demonstriert haben und . . . mir die Grundlagen geliefert haben, auf denen allein das antiseptische System aufbauen kann.«

In Frankreich selbst dauerte es jedoch weitere drei Jahre,

bis Pasteurs Keimtheorie in die Praxis umgesetzt wurde. Erst 1870/71, während des Deutsch-Französischen Krieges, griff ein Chirurg auf diese Erkenntnisse zurück. Er begann, seine Instrumente zu desinfizieren und die Luft um die Wunden herum zu filtern.

Sprechstunde für Seidenraupen

Die Frage nach den Krankheitsursachen war indes immer noch nicht geklärt.
Erst eine unerwartete Verkettung von Umständen veranlaßte Pasteur zu Untersuchungen, die schließlich zu ersten Erkenntnissen darüber führten.
Es begann im Jahre 1865. Sein alter Freund Professor Dumas bat ihn, nach Südfrankreich zu fahren, um eine Epidemie zu untersuchen, die unter den Seidenraupen ausgebrochen war. Sie hatte verheerende Auswirkungen auf die berühmte Seidenraupenindustrie; viele Züchter standen vor dem Ruin.

Ein Seidenweber in seinem Haus in London. Pasteurs Forschungen über die Seidenraupenkrankheit waren lebenswichtig für die Seidenindustrie vieler Länder. Aber auch für die Wissenschaft hatte diese Arbeit weitreichende Folgen. Sie war der Beweis für Pasteurs Überzeugung, daß einige Krankheiten von Mikroben verursacht werden, die in den Körper eindringen, und daß diese Mikroben von einer Generation auf die andere vererbt werden können.

Die Seidenraupenkrankheit hatte verheerende Folgen für die Seidenindustrie in Europa und sogar in China, wo die Seidenindustrie schon seit zweitausend Jahren bestand. Die südfranzösischen Seidenindustrien standen vor dem Ruin.

Pasteur zog mit Duclaux, einem seiner besten Schüler, drei weiteren Studenten von der Ecole Normale und seiner Familie nach Arbois, um die Ursache der rätselhaften Seidenraupenkrankheit herauszufinden.
Die Krankheit schien auf der Oberfläche der Seidenraupen zu beginnen. Es sah aus, als wären sie mit Pfeffer besprenkelt worden.
Hunderte von Puppen und Schmetterlingen wanderten unter Pasteurs Mikroskop. Nach wenigen Tagen stand für ihn fest, daß ein kleines Kügelchen, das er in den kranken Raupen, Schmetterlingen und Puppen entdeckt hatte, ein sicheres Anzeichen der Krankheit war. Er entschied, daß es bei den ausgereiften Schmetterlingen begann, die kranke Eier legten, die sich wiederum zu kranken Raupen, Puppen und Schmetterlingen entwickelten. Pasteur riet den Seidenraupenzüchtern, den Schmetterling, nachdem er Eier gelegt hatte, auf Kügelchen in seinem Körper zu untersuchen. Wenn welche gefunden würden, waren die Eier krank und mußten vernichtet werden. Wenn der Körper des Schmetterlings keine Kügelchen enthielt, waren die Eier gesund, und es würden gesunde Raupen schlüpfen.

Fehldiagnose!

Er mußte warten, bis die Eier im Frühjahr ausgebrütet waren, um zu sehen, ob seine Vorhersagen richtig waren. Der Frühling kam: Aber aus den Eiern, von denen er dachte, daß gesunde Schmetterlinge sie gelegt hatten, schlüpften kranke Raupen! Hunderte von Seidenraupenzüchtern, die sich auf ihn verlassen hatten, standen vor einer Katastrophe.
Er hatte einen furchtbaren Fehler gemacht. Wieder setzte er sich an sein Mikroskop. Er führte Experimente durch, die fehlschlugen, und er verstand nicht, weshalb: Da waren sterbende Raupen, die keine Kügelchen hatten, und lebende, die welche hatten. Er fühlte sich auf schreckliche Weise verantwortlich, und er wurde von den Züchtern und von seinen Gegnern heftig angegriffen.
Doch seine Schüler ließen sich nicht entmutigen. Sie

Pasteur hatte keine Erfahrung mit Seidenraupen. Fasziniert lernte er, daß sich die Seidenraupen von Maulbeerblättern ernähren und daß sie sich nach einiger Zeit mit einem seidenen Kokon umspinnen, um sich ungestört in die Puppe verwandeln zu können. Aus der Puppe schlüpft schließlich der Schmetterling, um Eier zu legen, aus denen wiederum neue Seidenraupen schlüpfen.

Oben: Ein Schmetterling auf Seidenkokons.

Links: Seidenraupen ernähren sich von Maulbeerblättern.

Unten links: Ein Schmetterling, der aus der Puppe schlüpft.

»Pasteur war überall in der schwer betroffenen Seidenregion unterwegs und hielt Vorlesungen, stellte unzählige Fragen, lehrte die Bauern den Gebrauch des Mikroskops, eilte zurück in sein Labor, um seinen Assistenten Anweisungen zu geben ... und am Abend diktierte er Madame Pasteur Antworten auf Briefe und wissenschaftliche Papiere und Reden. Am nächsten Morgen war er schon wieder auf dem Weg in die benachbarten Städte, ermutigte und ermunterte verzweifelte Bauern ...«

Paul de Kruif, aus »Microbe Hunters«.

fuhren nach seinen Anweisungen mit den Experimenten fort, und die Arbeit ging monatelang weiter.

Es war eine mühevolle Forschungsarbeit. Schließlich fanden sie die Fehlerquelle: Es gab zwei Krankheiten – eine mit Kügelchen und eine mit einem mikroskopisch kleinen Lebewesen. Auch das Kügelchen lebte; es war eine Mikrobe. Es vermehrte sich und befiel den ganzen Schmetterling, das Ei oder die Raupe.

Pasteur entdeckte außerdem, daß gesunde Raupen krank wurden, wenn sie Maulbeerblätter fraßen, die von den Ausscheidungen kranker Tiere verschmutzt worden waren. Die zweite Krankheit wurde durch die Därme der Raupen weitergegeben. Dadurch wurde offensichtlich, wie wichtig die Umgebung für die Ausbreitung von Krankheiten war.

Krankheiten waren in jenen Jahren stets gegenwärtig. In Paris und Marseilles war die Cholera ausgebrochen: Täglich starben etwa zweihundert Menschen.

Ein schwerer Schlag

Krankheit und Tod verschonten auch Pasteur und seine Familie nicht. Seine älteste Tochter Jeanne war bereits 1859 an Typhus gestorben. Im September 1865 erkrankte die jüngste Tochter Camille und starb. Nur wenige Monate später wurde auch die zwölfjährige Cécile ein Opfer des Typhus.

Für Pasteur war es eine große Belastung: das Gefühl der Ohnmacht beim Tod seiner Kinder, die Schwierigkeiten bei seiner eigenen Arbeit mit den Seidenraupen, die Verantwortung gegenüber den Züchtern.

Im Oktober 1868 war er wieder in Paris. Am 19. Oktober wachte er mit einem seltsamen Gefühl auf: Auf seiner ganzen linken Seite verspürte er ein Kribbeln. Am Nachmittag klagte er über Schüttelfrost, aber er hatte versprochen, am Abend eine Lesung vor der Akademie der Wissenschaft zu halten. In der Nacht verschlimmerte sich sein Zustand. Er konnte nicht mehr sprechen oder sich bewegen. Seine ganze linke Seite war gelähmt.

Pasteur war kaum 46 Jahre alt und hatte einen Schlaganfall erlitten. Man glaubte, er würde es nicht überleben.

Gegenüber: Auf dem Höhepunkt der Choleraepidemien starben allein in Paris jeden Tag Hunderte von Menschen. 1865 versuchten Pasteur und andere herauszufinden, ob der Ausbruch von einer Mikrobe verursacht wurde. Sie untersuchten die Luft auf den Cholerastationen und nahmen Patienten Blut ab ... doch das brachte sie nicht weiter. Robert Koch zeigte schließlich, daß die Cholera tatsächlich von einer Mikrobe verursacht wird, die sich über infiziertes Trinkwasser ausbreitet.

Le Petit Journal

ADMINISTRATION
61, RUE LAFAYETTE, 61
Les manuscrits ne sont pas rendus
On s'abonne sans frais
dans tous les bureaux de poste

5 CENT. SUPPLÉMENT ILLUSTRÉ 5 CENT.

23me Année — Numéro 1.150

DIMANCHE 1er DÉCEMBRE 1912

ABONNEMENTS

	SIX MOIS	UN AN
SEINE et SEINE-ET-OISE	2 fr.	3 fr. 50
DÉPARTEMENTS	2 fr.	4 fr. »
ÉTRANGER	2 50	5 fr. »

LE CHOLÉRA

Louis Pasteur mit Mitgliedern seines Teams. Nach Pasteurs Schlaganfall im Jahre 1868 war er auf die ständige Hilfe seiner Assistenten angewiesen. Viele große Wissenschaftler erwuchsen aus diesen engen Partnerschaften mit Pasteur.

»Er hatte gegen Unwissenheit, Voreingenommenheit, dem angeborenen Konservatismus seiner angesehenen Kollegen und des medizinischen Establishments zu kämpfen. Er führte seinen Kampf mit Güte, Freundlichkeit und im Grunde mit Gleichmut, der aber dennoch der Leidenschaft seines ›exaltierten Verstandes‹ erlaubte, ihn weiterzutreiben und andere . . . Männer mit seinem Enthusiasmus anzustecken.«

H. I. Winner, aus »Louis Pasteur and Microbiology«.

Doch Louis Pasteurs Lebenswille war stärker. Er lernte, wieder zu sprechen, zuerst nur einzelne Wörter, dann ganze Sätze. Eine Woche später diktierte er bereits wieder seinen Assistenten. Sein linker Arm und sein linkes Bein blieben zwar gelähmt, seine Arbeit konnte es jedoch nicht beeinträchtigen. Drei Monate später war er schon auf dem Weg nach Alais, um nach den Seidenraupen zu sehen.

Allerdings konnte er seitdem seine Apparate nicht mehr selbst bedienen. Er mußte darauf vertrauen, daß seine Assistenten die Experimente mit gleicher Sorgfalt ausführten. Viele große Wissenschaftler erwuchsen aus dieser engen Partnerschaft mit Louis Pasteur.

Er vermittelte ihnen die Faszination ihres Berufes und begeisterte sie durch seine Ideen und seine Vorstellungskraft. Durch ihn lernten sie aber auch, wie wichtig es für ihre Arbeit war, Experimente mit Gründlichkeit und Beharrlichkeit durchzuführen, um eindeutige Ergebnisse zu erzielen und jeglichen Zweifel zu unterbinden.

Je länger Pasteur sich mit den Seidenraupen beschäftigte, desto überzeugter war er, daß ein Zusammenhang zwischen dem Verwesungsprozeß und den Krankheiten bestehen mußte. Er prophezeite seinen Kollegen: »Es liegt in der Macht des Menschen, parasitäre Krankheiten vom Antlitz der Erde zu tilgen, wenn die Doktrin von der Urzeugung falsch ist, wovon ich überzeugt bin.«

Noch wies die ganze Ärzteschaft diese Prophezeiungen zurück: epidemische Krankheiten, nur wegen einer Mikrobe! Unsinn! Erst durch einen Landarzt in Deutschland verstummten für alle Zeiten die Zweifel an Louis Pasteurs Prognosen.

Jagdsaison für Mikroben

Robert Koch, jener deutsche Landarzt, beschäftigte sich in seiner Freizeit mit dem Studium der Mikroben.

In der ländlichen Umgebung, in der er lebte, sah er sich Tag für Tag mit der Milzbrandseuche konfrontiert. Die Opfer waren zwar in der Regel Tiere. Aber auch Menschen, die mit den erkrankten Tieren in Berührung kamen, konnten angesteckt werden. Die Gefahr erstreckte sich auf die Tierhalter, Metzger, Gerber, aber auch auf die Käufer von Lederwaren, die von erkrankten Tieren stammten.

Die Krankheit brach bei den Tieren schlagartig aus. Waren sie am Abend offensichtlich noch gesund, konnte es geschehen, daß man sie am Morgen tot auffand.

Eines Tages untersuchte Koch das klebrige, schwarze Blut von Tieren, die an Milzbrand gestorben waren. Diese Krankheit vernichtete ganze Herden von Schafen und Rindern überall in Europa. Sofort sah Koch die stäbchenartigen Mikroben . . .

Er entdeckte, daß sie sich vermehrten, daß sie nie in gesunden Tieren auftraten, daß sie, zu Sporen zusammengeschrumpft, überleben konnten, daß sie nur darauf warteten, wieder in Aktion treten zu können, daß die Milzbrandmikrobe *(bacillus anthracis)*, und nur sie, den Milzbrand verursachte.

Im April 1876, drei Jahre nach Beginn seiner Analyse, unterrichtete er seine früheren Professoren von seinem Ergebnis: *Eine Mikrobe verursachte genau eine Krankheit.* Pasteur hatte es wiederholt behauptet, Robert Koch lieferte dafür nun den Beweis.

Damit war die Jagd auf die Mikroben eröffnet: Cholera, Typhus, Tuberkulose, Lungenentzündung, Syphilis, Diphterie, die Russische Pest . . . in den folgenden Jahren konzentrierten sich die Forschungen der Wissenschaftler darauf, die Mikroben ausfindig zu machen, zu züchten und deren Lebensweise zu beobachten . . .

Robert Koch wies als erster nach, daß eine bestimmte Mikrobe eine bestimmte Krankheit verursacht. Er entwickelte dazu vier Arbeitsschritte: Zuerst muß die gleiche Mikrobe bei jedem Krankheitsfall zu finden sein. Dann gilt es, sie zu isolieren und zu züchten. Anschließend werden die neugezüchteten Mikroben einem Tier injiziert, um die Krankheit von neuem entstehen zu lassen. Zum Schluß wird die Mikrobe dem infizierten Tier entnommen und das Verfahren wiederholt, bis feststeht, daß sie tatsächlich der Erreger ist.

Das Aufdämmern der Immunologie

Pasteur betrachtete die Krankheit als eine Form des Überlebenskampfes zwischen der Mikrobe und dem Gewebe, in das sie einzudringen versucht.

Auf einer seiner Reisen hatte er eine Kuh gesehen, die an Milzbrand erkrankt, aber von allein wieder gesund geworden war. Die Kuh war auch nicht gestorben, als ihr danach Milzbrandbazillen injiziert wurden. Das brachte ihn auf den Gedanken, daß der Körper nach einer überstandenen Krankheit einen Widerstand dagegen entwickelte.

Pasteur war kein Arzt, doch gab es genügend Ärzte, die die Bedeutung von Pasteurs Forschungen erkannten. So wurde er 1873 in die Akademie der Medizin aufgenommen.
Er nahm einige junge Ärzte als Assistenten an: Dr. Joubert, Dr. Roux und Dr. Chamberland. Sie brachten ihr zusätzliches medizinisches Wissen und ihre Erfahrungen aus der Praxis ein. Dadurch rückte die Suche nach Kontrollmöglichkeiten der Krankheitserreger mehr und mehr in den Mittelpunkt von Pasteurs Forschungen.

Vergeßlichkeit bringt den Erfolg

1878 untersuchte Pasteur eine Mikrobe, die die sogenannte Hühnercholera verursachte. Er züchtete die Mikroben in Hühnerbrei und stellte fest, daß die Hühner, denen sie injiziert wurden, innerhalb von wenigen Tagen starben.
Es war Sommer: Pasteur und seine Assistenten fuhren in Urlaub, und eine angesetzte Kultur von Hühnercholera-Mikroben wurde zur Seite gestellt und vergessen. Als Pasteur zurückkam, wollte er sie schon fortwerfen, beschloß dann aber doch, sie einer Henne zu injizieren.
Die Henne erkrankte zunächst leicht, erholte sich aber rasch. Zu dem Zeitpunkt, an dem die Krankheit normalerweise ihren Höhepunkt erreichte, lief sie weiterhin munter in ihrem Käfig herum.
Aufgeregt injizierte Pasteur diese alte Kultur weiteren Hühnern. Auch sie zeigten nur leichte Reaktionen.
Er spritzte den Hühnern eine frische Kultur, stark genug, um sie umzubringen. Jede Henne bekam die tödliche Dosis.
Keines der Hühner starb. Er injizierte die frische Kultur einem weiteren Schwung Hennen, die *nicht* mit der alten Kultur geimpft worden waren. Von diesen starben alle.
»Auf dem Gebiet der Experimente lächelt das Glück dem vorbereiteten Verstand«, sagte Pasteur. Er erfaßte sofort, was das bedeutete. Der englische Arzt Edward Jenner hatte die Mikroben einer harmlosen Kuhpockenkrankheit mit Erfolg als Impfstoff gegen die Pocken verwendet.

Gegenüber, oben: Bacillus anthracis – die Mikrobe, die Milzbrand verursacht und die Tiere innerhalb von Stunden töten kann. Auch Menschen können daran sterben. Es kann durch Tierhaare oder -fell übertragen werden: Schäfer, Metzger, Bauern, selbst Frauen, die Pelze von kranken Tieren trugen, waren sehr gefährdet. Die Bazillen wachsen in langen Ketten, wie auf diesem Bild zu sehen ist.

Gegenüber, unten: bacillus anthracis in Tiergewebe. In Menschen greift er die Lungen an oder verursacht Hautgeschwüre. Die Entwicklung des Impfstoffes war für Pasteur und seine Assistenten sehr gefährlich – schon ein Kratzer hätte sie töten können.

Doch die Methoden Jenners gründeten darauf, eine Krankheit zu verwenden, die den Menschen *nicht* schadete, um einen Schutz gegen eine lebensgefährliche Krankheit zu erzielen.
Dies hier war etwas ganz anderes: *Geschwächte Mikroben der Krankheit selbst* hatten die eigenen Widerstandskräfte der Hühner geweckt, so daß sie die Krankheit abwehren konnten.
Weitere Experimente bekräftigten die anfänglichen Beobachtungen. Pasteur beschloß, die Behandlung *Schutzimpfung* zu nennen. Der Begriff umschreibt noch heute die Methode, eine Krankheit durch eine vorherige Impfung, die *Immunisierung*, zu verhindern.
Pasteur verbrachte sein ganzes weiteres Leben mit der langwierigen Suche nach Methoden, die Ausbreitung der Mikroben zu stoppen und diese selbst so zu schwächen, daß sie zwar die Krankheit nicht hervorrufen, die körpereigenen Abwehrkräfte aber wecken würden.

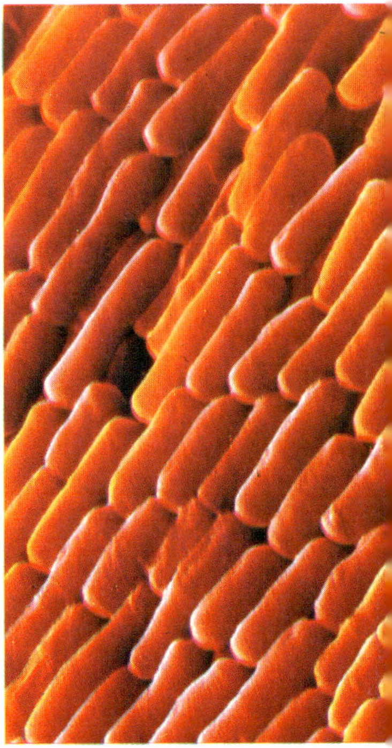

Vor den Augen der Öffentlichkeit

Eine Zeitlang hatte auch Pasteur den Milzbrand untersucht, bei dem schon Robert Koch hervorragende Ergebnisse erzielt hatte. Dank Koch wußte man inzwischen die Ursache für die Krankheit.
Die Suche nach einem Impfstoff gegen Milzbrand dauerte beispielsweise viele Jahre. Pasteur und sein Team begannen 1877, daran zu arbeiten. Erst im Februar 1881 glaubte Pasteur, einen Impfstoff gefunden zu haben.
Er kam einer Aufforderung der Bauern von Melun nach, seine Ergebnisse öffentlich zu testen. Jener Tag im Mai 1881 auf dem Bauernhof Pouilly-le-Fort ist berühmt geworden. Staatsminister, Tierärzte und Bauern, Wissenschaftler und Reporter versammelten sich, um Pasteur und seine Assistenten Roux, Chamberland und Thuillier, – und die Schafe – zu sehen.
25 Schafe wurden zweimal mit Mikroben geimpft – erst mit sehr schwachen und dann, zwölf Tage später, mit stärkeren, um ihre Widerstandskraft aufzubauen. Weitere 25 Schafe wurden gar nicht geimpft. Beide Gruppen kamen auf getrennte Weiden. Schließlich erhielten alle

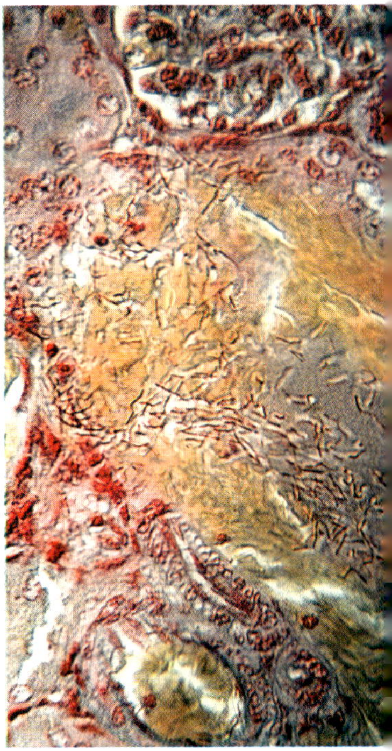

Eine Zeichnung aus einer französischen Zeitschrift von 1882. Ein Arzt impft Schafe nach Pasteurs Methode. Pasteur sagte: »Die allgemeinen Grundsätze sind nun gefunden, und man kann nicht anders, als daran zu glauben, daß die Zukunft zu den größten Hoffnungen berechtigt.«

50 Schafe tödliche Dosen von frischen Milzbrandmikroben.

In der Öffentlichkeit zuversichtlich, war Pasteur privat hochgradig nervös. Dann kamen die Untersuchungsergebnisse aus Pouilly-le-Fort: Alle geimpften Schafe waren gesund. Alle nicht geimpften Schafe waren tot oder lagen im Sterben. Für Pasteur und seine Mitarbeiter war es ein großer Tag!

Beinahe sofort wurden Pasteurs Labors umgebaut, um den Impfstoff herzustellen, und seine Assistenten waren unermüdlich unterwegs, um Tiere zu impfen. In weniger als einem Jahr wurden Hunderttausende von Tieren immunisiert; im darauffolgenden Jahr allein in Frankreich über eine halbe Million Schafe und 80 000 Ochsen. Für die Medizin war es ein gewaltiger Fortschritt: Ein Impfstoff war hergestellt worden, der *im voraus* eine Krankheit verhindern konnte, die früher verheerende Folgen für die Landwirtschaft in ganz Europa hatte.

»Euer Vater ist so beschäftigt wie immer: Er spricht kaum mit mir, schläft wenig und steht schon im Morgengrauen auf; kurz, er führt dasselbe Leben, das ich heute vor 35 Jahren mit ihm zu teilen begann.«

Madame Pasteur in einem Brief an ihre Kinder an ihrem Hochzeitstag 1884.

Sein letzter Kreuzzug

Am populärsten ist bis heute Pasteurs Heilmethode bei Tollwut. Es war eine schreckliche Krankheit: Ein Biß von einem tollwütigen Hund genügte, und das Opfer litt an Krämpfen und Atemnot. Meist erstickte man oder blieb gelähmt.
Die Opfer der Tollwut wurden immer wahnsinnig. Pasteur und sein Team schlossen daraus, daß die Mikrobe sich im zentralen Nervensystem einnistete.
Sie nahmen Nervengewebe aus der Wirbelsäule eines an Tollwut gestorbenen Hundes und injizierten es einem Kaninchen. Vierzehn Tage später war das Kaninchen an Tollwut erkrankt. Sie entnahmen nach seinem Tod ein Stückchen seiner Wirbelsäule und injizierten es einem anderen Kaninchen; so lange, bis die Tollwut 25 Mal übertragen worden war. Die Zeit bis zum Ausbruch der Krankheit wurde dabei immer kürzer. Zuletzt betrug sie noch eine Woche. Dann nahmen sie ein Stück des erkrankten Rückenmarks und ermittelten eine Methode, es zu schwächen.

Pasteurs Suche nach einer Heilmethode für Tollwut dauerte über drei Jahre. Er konnte die Mikroben nicht finden. Inzwischen weiß man, daß es ein Virus ist und daß man ein Elektronenmikroskop braucht, um es zu entdecken.

Der »tollwütige« Junge

Am 6. Juli 1885 kam der neunjährige Joseph Meister mit seiner Mutter in Pasteurs Labor. Zwei Tage zuvor hatte ihn in seinem Dorf ein tollwütiger Hund angefallen und ihn in Gesicht, Hände und Körper gebissen.
Pasteur stand vor einer schwierigen Entscheidung: Der Impfstoff war noch nicht weit genug entwickelt, um ihn an Menschen auszuprobieren. Kollegen von der Akademie der Medizin waren überzeugt, daß der Junge an Tollwut erkranken würde. Pasteurs Impfstoff konnte den Jungen töten. Wurde Joseph nicht geimpft, war es ziemlich sicher, daß er starb oder vollständig gelähmt wurde.
Pasteur beschloß, das Wagnis einzugehen. Am gleichen Abend noch wurde Joseph ein Extrakt aus dem geschwächten Rückenmark eines tollwütigen Kaninchens injiziert. Im Laufe der nächsten Tage erhielt Joseph noch weitere Injektionen, jeden Tag mit einem stärkeren Ex-

»Ich habe dieses Jahr demonstriert, daß man Hunde impfen oder immun gegen Tollwut machen kann. Ich habe es noch nicht gewagt, Menschen zu behandeln, die von tollwütigen Hunden gebissen wurden.«

Pasteur an einen Freund, 1885.

Der Schäferjunge Jupille wird gegen Tollwut geimpft. Nach vielen Versuchen konnte eine wirksame Methode entwickelt werden: Am ersten Tag wurde ein vierzehn Tage altes Gewebe injiziert, am nächsten Tag ein dreizehn Tage altes . . . bis am vierzehnten Tag schließlich frisches Gewebe verwendet wurde.

»Selbst wenn man voraussetzt, daß durch die Tollwutbehandlung das Leben einiger Menschen gerettet wurde, wäre das ein kümmerlicher Lohn für so viel Mühe und die vielen Tiere gewesen, die auf dem Altar des menschlichen Wohls geopfert wurden . . . Die Leistungen Pasteurs müssen in einem viel breiteren Rahmen beurteilt werden . . . Dank der Tollwutforschungen konnten Menschen schließlich gegen das Gelbe Fieber und mehrere andere verbreitete Krankheiten geimpft werden; und, bedeutsamer noch: Die Immunisierung war als ein grundlegendes Naturgesetz erkannt worden.«

Professor René J. Dubos in »Free Lance of Science«.

trakt. Seine Bißwunden verheilten, und die Tollwut brach nicht aus.

Die Meldung von dieser Heilmethode verbreitete sich in Windeseile. Aus ganz Europa kamen Bauern und Landarbeiter, die von tollwütigen Tieren gebissen worden waren, nach Paris, um sich behandeln zu lassen.

Der entscheidende Schritt war getan: *von den Tieren zu den Menschen.* Die Akademie der Wissenschaft beschloß, ein Institut zu gründen, das Institut Pasteur genannt werden und sich der Behandlung der Tollwut widmen sollte.

Sein Sieg über die Tollwut verhalf Pasteur zu unvergänglichem Ruhm. Das Risiko, das er dafür eingegangen war, war sehr groß gewesen, aber der Einsatz hatte sich gelohnt.

Oben: Pasteurs Zimmer im Institut Pasteur in Paris, wo er sich während seiner letzten Jahre zumeist aufhielt.

Links: Diese Statue von Joseph Meister, wie er mit dem Hund kämpft, der ihn angefallen hatte, steht auf dem Grundstück des Institut Pasteur in Paris. Sie erinnert an den bedeutenden Fortschritt, der damals im medizinischen Wissen erzielt wurde: von Impfstoffen für Tiere zu Impfstoffen für Menschen.

Dr. Emile Roux, einer von Pasteurs Assistenten, gibt einem Pferd während seiner Untersuchung über die Diphtherie eine Injektion.

Elie Metchnikov, einer von Pasteurs brillantesten Schülern, begann aufzudecken, wie der Körper sich gegen Mikroben wehrt und ein Immunsystem aufbaut.

Das Erbe Pasteurs

Im Jahr 1887 erlitt Pasteur im Alter von 64 Jahren einen weiteren Schlaganfall und konnte daher seine Experimente nicht mehr persönlich ausführen, doch sein Dialog mit seinen Schülern und Mitarbeitern ging weiter. Im November 1888 wurde das Institut Pasteur offiziell eröffnet.

Pasteur starb am 28. September 1895 im Alter von 72 Jahren. Fast ein halbes Jahrhundert lang hatte er die Welt der Wissenschaft beherrscht; ein Vierteljahrhundert lang hatte er seinen Weg trotz seiner halbseitigen Körperlähmung weiterverfolgt.

Pasteurs Mitarbeiter und Assistenten setzten seine Arbeit fort. Dr. Roux und Dr. Yersin entwickelten eine Behandlungsmethode für Diphtherie; Metchnikov, einer von Pasteurs brillantesten Assistenten, zeigte auf, wie der Körper seinen Widerstand gegen Mikroben und seine Immunität aufbaut. Dr. Yersin entdeckte die Ursache der Pest.

Man macht es sich zu leicht, wenn man von Pasteur als dem Genie spricht, dem einfach alles gelungen ist, wie es falsch ist zu sagen, wäre Pasteur nicht gewesen, hätte es eben ein anderer getan. Nichts wird in einem einzigen Anlauf und durch eine einzige Person erreicht. Alles hängt ab von der Zeit, in der man lebt, und von dem Wissen, das von vielen zusammengetragen wird, so daß es möglich wird, Querverbindungen zu ziehen und der Wissenschaft neue Gebiete zu erschließen.

Aber auch die Persönlichkeit spielt dabei eine große Rolle, und wer weiß, was geschehen wäre, wäre Pasteur nicht ein Kämpfer gewesen, der mit unerschütterlicher Entschlossenheit Erkenntnisse durchsetzte, an die er glaubte. Und was, wenn andere weitblickende Menschen nicht Pasteurs Ergebnisse aufgegriffen und an der Umwälzung, die Pasteurs Forschungen auslösten, mitgewirkt hätten?

Pasteur hatte seinen Studenten einmal gesagt: »Die größte Freude, die ein Mann fühlen kann, der fest davon überzeugt ist, daß die Wissenschaft und der Frieden über Ignoranz und Krieg triumphieren werden, ist zu wissen, daß die Zukunft denen gehören wird, die am meisten für die leidende Menschheit tun.«

Er machte den Weg frei

Joseph Lister begrüßt Louis Pasteur bei der Feier zu dessen siebzigsten Geburtstag an der Sorbonne. Pasteur stützt sich auf den Arm des Präsidenten.

Nachdem Krankheiten über Jahrhunderte hinweg ein unerklärliches Phänomen waren, wurde durch Pasteurs Pionierarbeit auf dem Gebiet der Mikroorganismen eine Flut von Entdeckungen ausgelöst. Ende des Jahrhunderts waren die meisten Krankheitserreger identifiziert worden; viele davon in Pasteurs Labor und in den Labors von Robert Koch. Noch vor Pasteurs Tod war es gelungen, eine Viruserkrankung nachzuweisen. Das Virus selbst konnte allerdings nicht entdeckt werden. Dies wurde erst ab 1938 durch die Entwicklung eines Elektronenmikroskops möglich.
Zur Jahrhundertwende konnten die Menschen vor verschiedenen epidemischen Krankheiten geschützt werden, und es gab Gegenmittel für Diphtherie und Tetanus. (Das Diphtherietoxin war 1888 von Roux und Yersin am

»Sie haben den Schleier gelüftet, der ansteckende Krankheiten all dieser Jahrhunderte zu einem Rätsel gemacht hat.«

Joseph Lister zu Louis Pasteur bei seiner Feier.

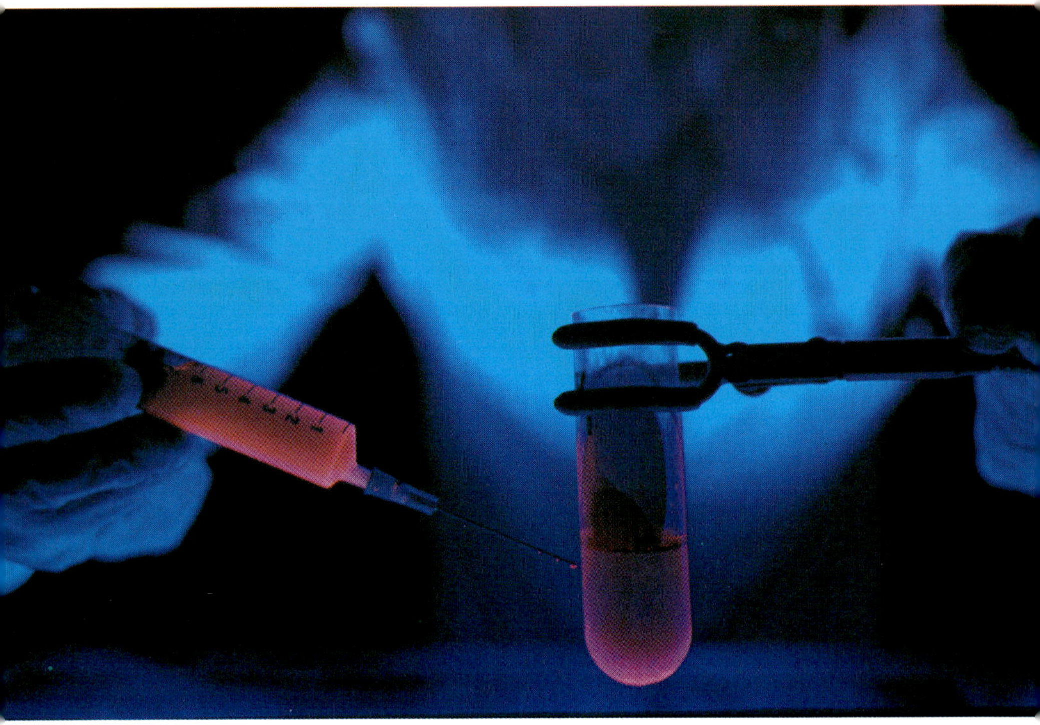

Ein vor kurzem am Institut Pasteur durchgeführtes Experiment. Das Institut ist zu dem berühmtesten Zentrum für die Untersuchung von Mikroben und Mikrobenkrankheiten geworden. Es ist eine der großen Gründungen der wissenschaftlichen und medizinischen Revolution, die in diesem Jahrhundert zu Routineimpfungen für Kinder gegen Polio, Diphtherie, Tetanus, die Masern sowie zu Impfungen gegen die großen epidemischen Krankheiten Typhus, Tuberkulose und Cholera geführt hat. Das Institut Pasteur dringt in der mikrobiologischen Forschung weiterhin in unbekannte Gebiete vor; auch das AIDS-Virus wurde hier entdeckt.

Institut Pasteur isoliert worden, das Tetanus-Toxin 1890 von Wissenschaftlern in Robert Kochs Labor.)

Im 20. Jahrhundert wurden wirksame Impfstoffe entwickelt gegen die Pocken, Tuberkulose, das Gelbe Fieber, Tollwut, Kinderlähmung, Cholera, Masern, Typhus, Keuchhusten, Röteln und Grippe, ebenso ein Impfstoff gegen die Pest.

Der größte Fortschritt bestand in der Entwicklung von Medikamenten, den sogenannten Antibiotika, die Infektionen eindämmen, ohne dem Patienten zu schaden. 1941 wurde zum ersten Mal Penicillin verwendet, weitere Antibiotika folgten. Für die moderne Medizin bedeutet dies, etwa hundert Jahre nach Pasteurs bahnbrechenden Arbeiten zur Gärung, einen weiteren Höhepunkt.

»Junge Leute, vertraut der wissenschaftlichen Methode, deren Geheimnisse wir gerade erst beginnen zu erkennen. Laßt euch nicht entmutigen. Am Ende eures Lebens werdet ihr sagen können: Ich habe getan, was ich konnte.«

Louis Pasteur in seiner Festrede.

Zeittafel

1822 *27. Dezember:* Pasteur wird in Dôle, Frankreich, geboren.

1843 Pasteur tritt in die Ecole Normale ein.

1848 Pasteur verliest vor der Akademie der Wissenschaft sein Referat über Kristalle.

1849 Pasteur wird als Chemiedozent an die Universität Straßburg gerufen.
29. Mai: Pasteur heiratet Marie Laurent, die Tochter des Universitätsrektors.

1853 Pasteur wird in die Ehrenlegion aufgenommen.

1854 Pasteur wird Professor der Chemie und Dekan der neuen Fakultät der Wissenschaft in Lille.

1856 Pasteur beginnt seine Untersuchungen über die Gärung.

1857 Pasteur wird Direktor für Wissenschaftliche Studien an der Ecole Normale in Paris.

1859 Die älteste Tochter Jeanne stirbt im Alter von 9 Jahren an Typhus. Pasteur beginnt mit seinen Untersuchungen zur Keimtheorie.

1862 Pasteur wird in die Akademie der Wissenschaft aufgenommen.

1864 *April:* Pasteur demonstriert seine Keimtheorie an der Sorbonne in Paris.
Juli: Pasteur geht nach Arbois, um die Weingärung zu untersuchen; er entwickelt die Pasteurisierung.

1865 *Juni:* Pasteur untersucht in Südfrankreich die Seidenraupenerkrankung. Plötzlicher Tod seines Vaters.
September: Seine zweijährige Tochter Camille stirbt nach einer langen Krankheit.

1866 *Mai:* Die zwölf Jahre alte Cécile stirbt an Typhus.

1867 *Mai:* Pasteur wird von der Exposition Universelle für seine Arbeit zur Pasteurisierung eine Auszeichnung verliehen. Er wird zum Professor für Chemie an der Sorbonne ernannt.

1868 *19. Oktober:* Pasteur erleidet einen Schlaganfall.

1871 Pasteur beginnt mit Studien über die Biergärung.

1873 Pasteur wird in die Akademie der Medizin aufgenommen.

1876 Pasteur veröffentlicht seine »Studien über das Bier«.

1877 Pasteur beginnt mit seinen Untersuchungen über den Milzbrand.

1879 Während seiner Arbeit über die Hühnercholera entdeckt Pasteur, wie man mit Hilfe geschwächter Mikroben eine Immunisierung gegen Krankheiten herbeiführen kann.

1880 Pasteur beginnt mit der Untersuchung der Tollwut.

1881 *5. Juni:* Pasteur gelingt es, Schafe gegen Milzbrand zu impfen. Ihm wird das Große Kreuz der Ehrenlegion verliehen.

1885 *6. Juli:* Joseph Meister wird zu Louis Pasteur gebracht, nachdem er von einem tollwütigen Hund gebissen worden ist.

1888 *14. November:* Das Institut Pasteur wird offiziell eröffnet.

1894 Das Institut Pasteur entwickelt ein Serum gegen Diphtherie.

1895 *28. September:* Pasteur stirbt im Alter von 72 Jahren in Villeneuve L'Etang.

Worterklärungen

Antiseptikum: Eine Substanz, die krankheitsverursachende *Mikroorganismen* abtötet oder am Wachsen hindert, für den Körper selbst aber eigentlich unschädlich ist.

Asepsis: Das Fehlen von *Keimen* und die Methode, einen Operationssaal *keim*frei zu machen.

Asymmetrie: Die Beziehung zwischen zwei Gegenständen, bei denen der eine das Spiegelbild des anderen ist.

Bakterie: (Plural: Bakterien). Ein Lebewesen aus der großen Gruppe der einzelligen *Mikroorganismen*. Einige verursachen Krankheiten. Meistens verursachen sie das Verrotten von abgestorbenen Pflanzen und toten Tieren.

Bazillus: (Plural: Bazillen). Eine stäbchenförmige *Bakterie.*

Brutkasten: Ein Kasten oder Ofen, in dem man etwas auf einer konstanten Temperatur halten kann.

Cholera: Eine schwere Darmerkrankung, verursacht durch das Trinken von Wasser, das durch Choleramikroben verseucht ist. Diese werden durch Menschen- oder Tierkot übertragen. Zu den Symptomen gehören schwerer Durchfall und Magenkrämpfe.

Diphtherie: Eine sehr ansteckende Krankheit, die von einem *Bazillus* verursacht wird. Die Diphtherie verlief für kleine Kinder oft tödlich.

Eiter: Eine grünlich-gelbe Flüssigkeit in Wunden, die von bestimmten *Bakterien* befallen sind; ein eindeutiges Zeichen, daß die Wunde nicht richtig verheilt.

Elektronenmikroskop: Kann die Bilder von Strukturen bis zu einer Million Mal vergrößern, so daß das menschliche Auge sie erkennen kann. Dabei handelt es sich um eine viel stärkere Vergrößerung als bei den Lichtmikroskopen zur Zeit Pasteurs.

Epidemie: Das weitverbreitete Vorkommen einer Krankheit.

Gärung: Der Verfall (das Verfaulen), verursacht von *Mikroorganismen,* insbesondere von *Bakterien* und *Hefe.*
Durch die Arbeit Pasteurs konnte die Gärung in drei Hauptgruppen eingeteilt werden: in die **alkoholische Gärung,** wobei während der Herstellung von Wein oder Bier Alkohol entsteht, die **Essigsäuregärung,** bei der Wein und andere Arten von Alkohol zu Essig werden, und die **Milchsäuregärung,** bei der Zucker in der Milch in Säure verwandelt wird – z.B. wenn die Milch sauer ist.

Hefe: Eine Pilzart, die bei der *Gärung* und beim Backen verwendet wird.

Immunisierung: Der Schutz vor einer bestimmten Krankheit, normalerweise durch eine *Impfung.*

Impfung: Die Übertragung einer abgemessenen Dosis eines modifizierten *Bazillus* oder einer anderen krankheitsverursachenden *Mikrobe* auf einen Menschen oder ein Tier, damit der Körper seine eigene Widerstandskraft gegen die Krankheit entwickelt. Wird auch Schutzimpfung genannt.

Karbolsäure: Eine giftige, weiße Säure, die aus Petroleum gemacht wird und als *Antiseptikum* gebraucht wird.

Keim: Ein *Mikroorganismus,* oder, in der Alltagssprache, eine *Mikrobe.*

Kokon: Die seidige Schutzhülle, die die Seidenraupe spinnt, um ihre *Puppe* zu schützen.

Kristall: Eine Struktur mit einer regelmäßigen Form, in der die Seiten in regelmäßigen Winkeln aufeinandertreffen.

Kultur: Eine Kultur von *Mikroorganismen,* die in einem geeigneten Medium kontrolliert gezüchtet werden.

Lösung: Eine Flüssigkeitsmischung von zwei oder mehr Atomen oder Molekülen, die sich vollständig miteinander verbinden.

Lungenentzündung: Eine Entzündung der Lungen. Dabei füllen sich die Lungen zum Teil mit Flüssigkeit; mit den mit Flüssigkeit gefüllten Teilen kann man nicht mehr atmen. Wird meist von einem *Virus* verursacht.

Made: Die zweite (oder Larven-) Phase in der Entwicklung von Fliegen; man findet sie meist auf verfaulenden Substanzen wie Fleisch, nachdem die ausgewachsene Fliege dort ihre Eier gelegt hat.

Mikrobe: Ein *Mikroorganismus.*

Mikrobiologie: Das Untersuchen von *Mikroorganismen.*

Mikroorganismen: Lebewesen, die zu klein sind, um sie mit dem bloßen Auge zu erkennen.

Milchsäure: Eine sirupartige Säure, die in saurer Milch und einigen Obstsorten vorkommt.

Milzbrand: Eine äußerst ansteckende Rinder- und Schafkrankheit, die auch auf Menschen übergreifen kann. Zu den Symptomen gehören Fieber und ein geschwollener Hals. Die Krankheit verläuft fast immer tödlich, außer es wird sofort eine Impfung durchgeführt.

Pasteurisierung: Ein von Pasteur erfundenes Verfahren, bei dem Wein, Bier etc. erhitzt wird, um zu verhindern, daß schädliche *Bakterien* die *Gärung* zunichtemachen. Wird auch bei Milch und anderen Nahrungsmitteln verwendet.

Pest: Krankheiten, die *Epidemien* verursachen, da sie sehr ansteckend sind; sie verlaufen oft tödlich.

Pocken: Eine sehr ansteckende Krankheit, die von einem *Virus* verursacht wird. Sie verlief zwar nicht immer tödlich, doch gehörte sie zu den Krankheiten, an denen bis weit ins 20. Jahrhundert die meisten Menschen starben. Jetzt sind die Pocken weltweit ausgerottet.

Puppe: Die dritte Stufe in der Entwicklung eines Schmetterlings oder einer Motte. Während dieser Phase entwickelt sich das Insekt zur ausgewachsenen Form.

Schlaganfall: Das Platzen eines Blutgefäßes im Gehirn, wodurch das Opfer das Bewußtsein verliert. Das Ergebnis kann eine Lähmung, der Verlust der Sprache und ein Gehirnschaden sein.

Schutzimpfung: Siehe *Impfung.*

Speichel: Die Flüssigkeit, die von Drüsen im Mund produziert wird. Dadurch wird das Schlucken von Nahrung erleichtert.

Tollwut: Eine sehr ansteckende Krankheit des Nervensystems von Warmblütern, verursacht durch ein *Virus.* Es wird durch den Biß eines kranken Tieres auf den Menschen übertragen. Zu den Symptomen gehören Krämpfe, übermäßige *Speichel*produktion und (bei Menschen) eine Abneigung gegen Wasser. Bevor Pasteur seinen Impfstoff entwickelt hatte, waren Tod oder Lähmung die unausweichliche Folge für die Gebissenen.

Tuberkulose: Eine ansteckende Krankheit, die von einem *Bazillus* verursacht wird und hauptsächlich die Lungen angreift.

Typhus: Eine sehr ansteckende Krankheit; wird übertragen, wenn man etwas ißt oder trinkt, was von dem Kot einer Person verschmutzt ist, die sich mit dem *Bazillus* angesteckt hat.

Urzeugung: Eine widerlegte, wissenschaftliche Theorie, nach der – unter bestimmten Umständen – ohne eine Ursache Leben entsteht.

Virus: Ein *Mikroorganismus,* der sich nur im Körper eines anderen Tieres oder eines Menschen vermehren kann. Es verursacht häufig Krankheiten.

Zuckerrübe: Eine Gemüseart, dessen langen weißen Wurzeln Zucker entzogen werden kann.

Register